T0243607

ESCRITO
EN LAS
ESTRELLAS

Para Beth, mi (coge aire) prima,
ahijada, amiga y compañera de
cumpleaños, con mucho amor

La edición original de esta obra ha sido publicada en
el Reino Unido en 2022 por OH Editions, sello editorial
de Welbeck Publishing Group, con el título

Your Love Stars

Traducción del inglés: Montserrat Asensio

Copyright © de la edición española, Cinco Tintas, S.L., 2022
Copyright © del texto, Jane Struthers, 2021
Copyright © de las ilustraciones, Evi O. Studio y Kait Pokinghorne, 2021
Copyright © de la edición original, OH Editions, 2021

Diagonal, 402 – 08037 Barcelona
www.cincotintas.com

Todos los derechos reservados. Bajo las sanciones establecidas por las leyes, queda
rigurosamente prohibida, sin la autorización por escrito de los titulares del copyright,
la reproducción total o parcial de esta obra, por cualquier medio o procedimiento
mecánico o electrónico, actual o futuro, incluidas las fotocopias y la difusión a través
de internet. Queda asimismo prohibido el desarrollo de obras derivadas por alteración,
transformación y/o desarrollo de la presente obra.

Primera edición: noviembre de 2022

Impreso en China
Depósito legal: B 12875-2022
Código Thema: VXFA
(Astrología)

ISBN 978-84-19043-11-5

JANE STRUTHERS

ESCRITO
EN LAS
ESTRELLAS

Descubre los secretos de la compatibilidad
y del amor y mejora tus relaciones

cincotintas

Contenidos

Introducción

Tu carta astral es una instantánea del cielo en el momento en que naciste, sobre el lugar en que naciste y en el momento exacto en que respiraste por primera vez. Es tu mapamundi personal y refleja tu personalidad completa, tu potencial, tus capacidades, tus fortalezas y tus áreas de mejora, entre muchas otras cosas más.

La capacidad de dar y de recibir amor es una de las áreas principales que destaca la carta astral y también el foco de *Escrito en las estrellas*. Este libro te ayudará a profundizar en tu manera única de gestionar las relaciones y en la función que el amor desempeña en tu vida.

¿De qué tipo de amor te estoy hablando? ¡De todos los tipos! Desde el sexo, los romances y los vínculos familiares hasta las amistades y la conexión que mantengas con compañeros de trabajo y con cualquiera al que veas con regularidad, lo que incluye a tus vecinos e incluso a tus mascotas. Descubrirás si se te dan mejor las relaciones íntimas e intensas, las conexiones más flexibles y amantes de la libertad o las relaciones en algún punto entre las primeras y las segundas. Además, la carta astral te enseñará que tienes un don especial para demostrar el amor y el afecto de maneras específicas, mientras que otras no saldrán de ti tan espontáneamente. Para muchos de nosotros, la vida consiste en las relaciones que mantenemos, por lo que toda la información que nos pueda ayudar a mejorar nuestros vínculos con los demás nos puede resultar muy útil. Es como si nos dieran una llave maestra que desvelara los secretos de cómo nos llevamos con las personas en nuestras vidas y qué podemos esperar de ellas.

Si bien *Escrito en las estrellas* explora tu perfil amoroso desde el prisma de la astrología, no hace falta ser astrólogo para usar el libro. Tampoco pasa nada si eres un recién llegado a este mundo, porque me tendrás a tu lado guiándote a cada paso. Es más, no hablaré de todos los elementos de tu carta astral, sino que me centraré únicamente en los dos planetas que más influyen en el amor y en las relaciones, lo que facilita tanto el aprendizaje como la comprensión. Juntos estudiaremos Venus (el planeta del amor, del afecto, del placer y de la armonía) y Marte (el planeta que rige el sexo, la motivación, la asertividad y la ira).

Presentación de la carta astral

Antes de entrar en materia, te hablaré brevemente de la carta astral. Como ya he mencionado, es una imagen del cielo en el momento en que llegaste al mundo. Tu carta astral refleja las posiciones que los diez planetas de nuestro sistema solar ocupaban en ese instante preciso de su recorrido en sentido antihorario a través de los doce signos del zodíaco. Los diez planetas son el Sol, la Luna, Mercurio, Venus, Marte, Júpiter, Saturno, Urano, Neptuno y Plutón. Y los doce signos zodiacales son Aries, Tauro, Géminis, Cáncer, Leo, Virgo, Libra, Escorpio, Sagitario, Capricornio, Acuario y Piscis.

Carta astral

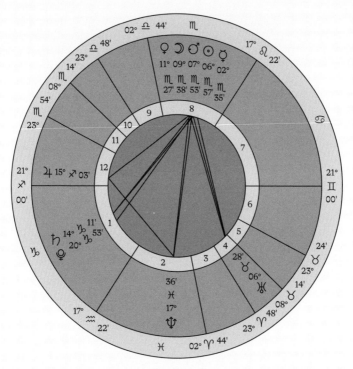

Tu carta astral plasma las posiciones de todos los planetas en el momento de tu nacimiento.

Por otro lado, cada planeta ocupa una sección de la carta astral que recibe el nombre de «casa» y cada casa describe una faceta específica de la vida. El significado de cada planeta en tu carta astral depende de la combinación de su esfera de influencia, del signo que ocupa y, si conoces la hora exacta en que naciste, de la casa que lo alberga. De todos modos, la interpretación de la carta astral no acaba ahí. Los planetas de la carta están separados entre sí por unos grados de separación concretos y formarán lo que llamamos aspectos. Puedes pensar en los aspectos como en la relación que mantienen dos planetas y que tanto puede ser sencilla como complicada de gestionar. La carta astral contiene mucha información útil acerca de ti e irás acumulando conocimiento paso a paso a medida que aprendas a descifrarla. Tómatelo con calma. ¡No hace falta que te conviertas en un experto de la noche a la mañana!

Recuerda que, en *Escrito en las estrellas*, nos centraremos en Venus y en Marte, por lo que exploraremos qué significan para tu personalidad y tu vida las posiciones que ocupan tus signos de Marte y de Venus. Al final del libro encontrarás tablas con las que podrás identificar tus signos de Venus y de Marte, una información que podrás usar a medida que leas el resto del libro. Por ejemplo, si naciste con Venus en Acuario y con Marte en Piscis, cuentas con un mapa astrológico muy específico que definirá cómo gestionas las relaciones con los demás y qué esperas del amor y de las relaciones sociales. *Escrito en las estrellas* te ayudará a descifrar y a entender esta información, y no solo acerca de los signos que Venus y Marte ocupan en tu carta astral, sino también acerca de cómo encajan juntos. Y, lo que también es muy importante, cómo encajan con los signos de Venus y de Marte de las personas que haya en tu vida. También examinaremos la combinación de tu signo solar y tus signos de Venus y de Marte. Toda esta información te ayudará a mejorar tus relaciones y a entender mejor cómo conectas con las personas que te rodean.

Cómo trabajar con Venus y Marte

Si quieres tener las relaciones de éxito que describe tu combinación concreta de Venus y Marte, debes aprovechar la energía de ambos planetas. Mientras lo haces, te será útil recordar que no todas las personas abordamos las relaciones de la misma manera. Por ejemplo, quizás anheles una vida estable y con seguridad emocional como mitad de una pareja, pero la persona que te atrae se siente asfixiada en una relación demasiado cómoda y predecible. O quizás trabajes con alguien muy ambicioso que espera que tú también lo seas, mientras que tú prefieres mantener un perfil mucho más discreto. ¿Cómo puedes gestionarlo? Conocer la astrología de las situaciones te puede dar pistas muy valiosas.

Cuando cotejes tu Venus con el Marte de tu pareja, recuerda que algunas combinaciones son más complicadas que otras, pero que ninguna está condenada al fracaso. Es posible incluso que una combinación complicada obtenga un éxito extraordinario precisamente porque hay que trabajarla, mientras que una combinación aparentemente perfecta pierda fuelle muy pronto, porque es demasiado sencilla y acaba resultando aburrida.

Es posible que, a medida que avances en la lectura, tengas algunos momentos «eureka» cuando algunas áreas de tus relaciones que siempre te han desconcertado cobren sentido de repente. Esto es especialmente cierto si, hasta ahora, solo has explorado el significado de tu signo lunar o solar, pero no sabes nada acerca del resto de tu carta astral. ¡Te acabas de embarcar en un viaje fascinante!

Primera parte

La astronomía de Venus y de Marte

Este apartado del libro te presenta la astronomía de Venus y de Marte, para que entiendas un poco mejor sus órbitas y cómo se relacionan con el resto de los planetas del sistema solar.

Venus y Marte son dos de los planetas visibles a simple vista, por lo que encontrarlos entre las estrellas al atardecer o a primera hora de la mañana puede ser divertido. Ambos están en la lista de los cinco cuerpos celestes más brillantes, así pues, si sabes dónde buscar, encontrarlos es sencillo. La mejor manera de localizarlos es con la ayuda de una aplicación, un sitio web o una guía anual del cielo nocturno. Introduce tu ubicación y verás aparecer un mapa de las estrellas que puedes seguir. El Sol es el cuerpo celeste más brillante, seguido de la Luna, Venus, Júpiter y Marte. Aunque no es necesario que seas astrónomo para trabajar con las energías astrológicas de Venus y de Marte, verlos entre las estrellas es una experiencia muy emocionante que los transforma de una idea abstracta a un ente real y posiblemente incluso mágico.

El sistema solar

En la infancia, ¿escribiste alguna vez tu dirección de modo que incluyera no solo la calle, la ciudad y el país, sino también el planeta Tierra, el sistema solar, la Vía Láctea y, finalmente, el universo? De ser así, ya sabes que, aunque nuestro mundo parece perfectamente estable, en realidad vivimos en una enorme roca que gira por el espacio a una velocidad vertiginosa.

Por supuesto, la Tierra solo es uno de los planetas que ocupan nuestro sistema solar, que debe su nombre a que se organiza alrededor del Sol, una estrella enana amarilla. Nuestro sol es una de los miles de millones de estrellas que pueblan nuestra galaxia.

Los planetas de nuestro sistema solar

Antes de la invención del telescopio en el siglo XVII, los astrónomos y los astrólogos solo podían estudiar los siete cuerpos celestes visibles a simple vista: el Sol, la Luna, Mercurio, Venus, Marte, Júpiter y Saturno. A excepción del Sol y de la Luna, que los astrólogos sabemos que no son planetas pero a los que la astrología se refiere como tales, los planetas llevan el nombre de dioses y diosas romanos. Cuando se descubrieron más planetas, también se les dio el nombre de dioses romanos: Urano, Neptuno y Plutón (degradado a planeta enano en 2006).

Al principio, se creía que el Sol, la Luna y los planetas giraban en torno a la Tierra, por lo que el astrónomo italiano Galileo Galilei provocó un gran escándalo en 1614 cuando apoyó públicamente la teoría de Nicolás Copérnico, un astrónomo polaco que afirmaba que todos los planetas giraban alrededor del Sol. Esta teoría contradecía radicalmente las enseñanzas de la Iglesia católica y, en 1633, se halló a Galileo culpable de herejía. La sentencia inicial de cadena perpetua en una cárcel se conmutó por el arresto domiciliario perpetuo. Galileo falleció en 1642, pero el Vaticano no reconoció públicamente que había estado en lo cierto desde el principio hasta 1992.

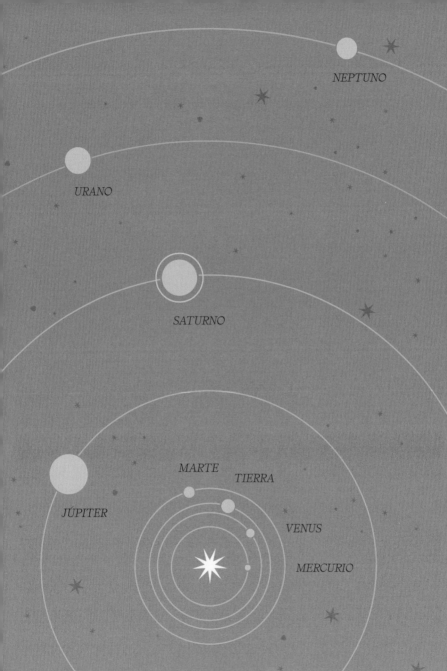

El zodíaco

Desde nuestro mirador terrestre, todos los planetas se desplazan por el cielo a lo largo de la eclíptica, o la trayectoria del Sol. Para poder seguir el movimiento de los planetas, los primeros astrónomos dividieron la eclíptica en doce secciones de 30°, a las que pusieron el nombre constelaciones cercanas. Esas doce secciones forman el zodíaco: Aries, Tauro, Géminis, Cáncer, Leo, Virgo, Libra, Escorpio, Sagitario, Capricornio, Acuario y Piscis. Cuando un planeta cruza una sección concreta de la eclíptica, se dice que está en el signo que da nombre a la sección. Por lo tanto, si naciste el 29 de julio, cuando el Sol cruzaba la sección de Leo, naciste con el Sol en Leo. Del mismo modo, si las tablas del final del libro te dicen que tu Venus está en Libra y tu Marte, en Sagitario, significa que, cuando naciste, Venus pasaba por la sección de Libra en el cielo, mientras que Marte estaba en la sección de Sagitario.

Los planetas no giran verticalmente en su recorrido alrededor del Sol, sino que están inclinados sobre su propio eje. El eje de la Tierra está a 23,45° de la vertical.

En algunos puntos de su tránsito por el cielo, da la sensación de que los planetas retroceden en lugar de avanzar. Es lo que se conoce como «estar retrógrado» y afecta a cómo tus estrellas influyen en tus relaciones. Te lo explicaré más adelante (p. 40).

La astronomía de Venus

Astrológicamente hablando, Venus es el planeta de la belleza y del amor, por lo que cabría pensar que el planeta es igualmente bello. Quizás se parece a la opalescente Luna, ¿no? No. La verdad es muy distinta.

Aunque son varios los astronautas que han llegado a la Luna, habría que ser un viajero espacial muy valiente y aún mejor equipado para poder poner los pies en Venus, a pesar de que las misiones espaciales lo exploran desde la década de 1960. Tal y como estás a punto de descubrir, Venus es un planeta muy inhóspito.

Tipo de planeta
Terrestre, lo que significa que tiene una estructura semejante a la de la Tierra, con un núcleo sólido rodeado de un manto rocoso.

Temperatura en la superficie
Aproximadamente 465 °C (900 °F), que convierten a Venus en el planeta más caliente del sistema solar.

Atmósfera
Tóxica y compuesta fundamentalmente por dióxido de carbono, con trazas de ácido sulfúrico y de ácido clorhídrico.

Presión atmosférica
97 veces superior a la de la Tierra.

Rotación
Venus gira hacia atrás, por lo que el Sol sale por el oeste y se pone por el este.

Eje
177,3°, que es mucho, si lo comparas con el eje de la Tierra, cuya inclinación es de 23,45°

Órbita
Venus tarda aproximadamente un año terrestre en dar la vuelta completa al Sol.

Periodo retrógrado
Venus está retrógrado (cuando aparentemente retrocede en relación con la Tierra) durante no más de 43 días al año, aunque hay años en los que no está retrógrado ni un solo día.

Lunas
No tiene.

Misiones a Venus

El 4 de febrero de 1961, la URSS (como se conocía entonces a la Federación Rusa) lanzó la primera misión de la historia a Venus. Por desgracia, la sonda (la *Tyazhely Sputnik*, conocida en Occidente como *Sputnik 7*) nunca salió de la órbita terrestre. El primer intento con éxito fue el del *Mariner 2*, lanzado por EE. UU. y que consiguió sobrevolar Venus el 14 de diciembre de 1962. El primer aterrizaje controlado en Venus (y en cualquier otro planeta) llegó el 15 de septiembre de 1970, con la sonda *Venera 7* soviética, que quedó dañada durante el aterrizaje y que no pudo enviar tanta información como se esperaba. Desde entonces se han llevado a cabo muchas más misiones, aunque ninguna nave puede pasar mucho tiempo en la superficie del planeta, por el riesgo de sobrecalentamiento y el consiguiente fallo eléctrico. Japón inició su propio programa para volar a Venus en 2010 y la Agencia Espacial Europea (AEE) comenzó el suyo en 2018.

El Lucero del alba o del atardecer

Con frecuencia, Venus recibe el nombre de Lucero del alba o del atardecer, porque a veces es visible en occidente al atardecer, mientras que, otras, solo es visible en el este hacia el amanecer. Esto sucede porque Venus nunca está a más de 47° del Sol y ambos viajan sobre la eclíptica en tándem. A veces, Venus se adelanta al Sol y, en otras ocasiones, le va a la zaga. Cuando Venus y el Sol parecen próximos desde la Tierra, y aunque en realidad están a un promedio de 108 millones de km (67 millones de millas), los brillantes rayos solares impiden que veamos a Venus.

Venus y la mitología

Los griegos antiguos crearon un panteón de dioses que gobernaban el universo. Cada uno de ellos dominaba un ámbito concreto, que incluía las sustancias físicas, como el metal, además de las emociones y el tiempo. Luego, la civilización romana se impuso y, además de apropiarse de muchas de las tradiciones culturales griegas, se apropió también del panteón griego. Sin embargo, y a pesar de que los dioses mantuvieron las mismas cualidades, les cambiaron el nombre. Cuando los astrónomos bautizaron a los planetas, usaron la nomenclatura romana en lugar de la griega.

A continuación, encontrarás los equivalentes romanos y griegos de los dioses que dieron nombre a los planetas.

Romanos	Griegos
Terra	Gea
Mercurio	Hermes
Venus	Afrodita
Marte	Ares
Júpiter	Zeus
Saturno	Cronos
Urano	Caelus
Neptuno	Poseidón
Plutón	Hades

El planeta Venus lleva el nombre de la diosa romana del amor. Estaba casada con Vulcano, un herrero tullido, pero también era la amante de Marte. Irónicamente, Vulcano trabajaba con hierro, el metal regido por Marte.

Aunque hablamos de los días de la semana sin pensar en lo que significan sus nombres, su origen es fascinante. En Europa, cada día de la semana lleva el nombre de un dios o diosa asociado a los siete planetas visibles. Venus regía el quinto día de la semana, como demuestra la etimología de su nombre en distintos idiomas. En inglés se llama *Friday* (por el «día de Frigg», la diosa nórdica del amor), en danés es *fredag* y en alemán, *Freitag* (comparten la misma raíz). La relación es más evidente en otros idiomas, como en el francés *vendredi*, el viernes español, el italiano *veneridi* y el holandés *vrijdag*. Todos proceden del latín *Veneris dies* («día de Venus»).

La astronomía de Marte

Marte es el quinto cuerpo más brillante en el cielo nocturno y, cuando lo localices usando la aplicación y veas su color característico, entenderás por qué lo llaman el planeta rojo. La mayoría de los científicos cree que el resplandor rojo se debe al óxido de hierro en la superficie marciana, aunque el origen de la presencia de ese compuesto químico en el planeta sigue siendo un misterio.

A continuación, encontrarás algunos datos relevantes sobre Marte.

Tipo de planeta
Terrestre, con un manto de silicatos alrededor de un núcleo metálico.

Temperatura en la superficie
Aproximadamente -62 °C (-81 °F), es decir, hace muchísimo frío.

Atmósfera
Compuesta en su mayoría por dióxido de carbono y con un poco de vapor de agua.

Presión atmosférica
Aproximadamente el 0,6 por ciento de la presión atmosférica en la Tierra.

Rotación
Marte gira en la misma dirección que la Tierra.

Eje
25°, que es muy similar a la inclinación de la Tierra.

Órbita
Marte completa su viaje alrededor del zodíaco cada 17-23 meses terrestres.

Periodo retrógrado
Marte se vuelve retrógrado solo una vez durante su órbita, durante un periodo de 58-82 días.

Lunas
Dos, llamadas Deimos (pánico) y Fobos (miedo), por los dos hijos de Ares, el equivalente griego de Marte.

Misiones a Marte

David Bowie preguntó una vez si había vida en Marte, en un eco de la duda que preocupa a muchos científicos desde hace siglos. No solo quieren saber si Marte podría albergar vida, sino también si lo ha hecho en el pasado y, para averiguarlo, se han llevado a cabo muchas misiones exploratorias desde la primera misión (fallida) soviética el 10 de octubre de 1960. Varios países, como EE. UU., RU, China, Japón y los EAU, han intentado enviar naves a Marte. La misión *Mariner 4* de la NASA fue la primera en sobrevolar el planeta rojo el 15 de julio de 1965, y la misión *Viking 1*, también de la NASA, la primera en aterrizar con éxito sobre la superficie marciana el 20 de julio de 1976. Desde entonces, se han llevado a cabo muchas misiones. Febrero de 2021 fue un mes especialmente ajetreado: el 9 de ese mes, el orbitador *Hope* de los EAU entró en la órbita marciana para estudiar el clima del planeta; el 10, la misión *Tianwen-1* entró en la órbita de Marte; y el 18, el *rover Perseverance* de la NASA aterrizó en Marte para estudiar sus rocas. El 14 de mayo de 2021, China se convirtió en el segundo país en posar una nave espacial sobre Marte, cuando su *rover Zhurong* aterrizó en el planeta. Una de sus tareas es buscar bolsas de agua en Marte.

Marte, la mitología y las lunas

Marte era inmensamente poderoso en la mitología romana y solo Júpiter, el rey de los dioses, lo superaba en importancia. Los romanos celebraban festivales en honor a Marte en marzo y en octubre, lo que demuestra la estrecha relación que existe entre la astrología y la tradición: Marte es el regente del signo Aries, que va de mediados de marzo a mediados de abril, y también es el regente tradicional de Escorpio, el signo que abarca de finales de octubre a finales de noviembre.

El equivalente griego de Marte era Ares, que no era tan popular como su par romano y que apenas era adorado por los griegos. De todos modos, aún se le recuerda, porque las dos lunas de Marte llevan el nombre de sus dos hijos, Fobos (miedo) y Deimos (pánico). Estos dos satélites tienen una forma tan irregular (tienen muchísimas protuberancias) que es posible que en realidad no sean lunas, sino asteroides que han quedado atrapados en la órbita marciana. Cada día de la semana corresponde a un planeta concreto y Marte se asocia al martes. En inglés y en los países nórdicos, el día lleva el nombre de Týr, un dios germánico asociado a Marte. Así, tenemos *Tuesday* en inglés y *tirsdag* en danés. El latín *dies Martis* («día de Marte») dio lugar al día del segundo día de la semana en muchas lenguas romances, como *mardi* en francés, martes en español y *martedi* en italiano.

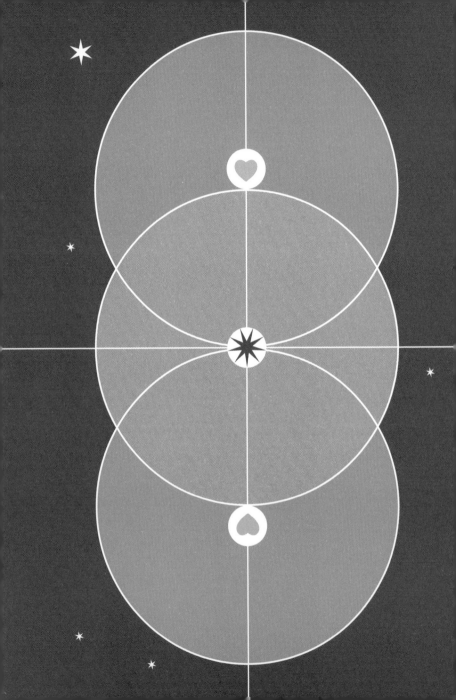

Segunda parte

Tu caja de herramientas astrológica

Si quieres aprovechar al máximo el resto del libro, merece la pena que adquieras conocimientos básicos de astrología que te permitan entender cómo encaja todo. Este apartado contiene la información que necesitas y te presenta algunos de los conceptos astrológicos fundamentales: los doce signos, los diez planetas, los cuatro elementos y los tres modos. Aprender qué significan cada uno de ellos y cómo se relacionan entre sí te permitirá ahondar en los misterios de Venus y de Marte en tu carta astral y en las de otras personas en tu vida. También descubrirás qué significa que Venus y Marte sean retrógrados.

Los signos
y los planetas

Si la astrología es un terreno nuevo para ti, la lectura de este apartado será clave para que puedas entender plenamente cómo trabajar con Marte y con Venus. Si, por el contrario, ya sabes algo de astrología, repasar lo que sabes acerca de la conducta y de las necesidades de Venus y de Marte en tu propia vida y en la de las personas que te rodean, ya se trate de tu pareja, de tu hijo, de un compañero de trabajo o de tu mejor amigo, también te será útil.

Cada planeta y cada signo del zodíaco se identifican mediante un glifo o un símbolo y es probable que ya conozcas varios de ellos, como el espejo de Venus (♂) y la lanza y el escudo de Marte (♀). Se usan con frecuencia como los símbolos para mujer y hombre y, curiosamente, el glifo de Marte es el antiguo símbolo alquímico para el hierro, el metal regido por Marte. Si te familiarizas con los símbolos, te será más fácil interpretar tu carta astral.

La tabla siguiente te dice qué planeta rige cada signo del zodíaco. Originalmente, cuando los astrólogos solo conocían siete planetas (en astrología, el Sol y la Luna se consideran planetas, aunque los astrólogos saben que son una estrella y un satélite, respectivamente), se asignó a cinco de ellos la regencia sobre dos signos. Tras el descubrimiento de Urano, Neptuno y Plutón, estos se añadieron a la lista de regentes planetarios, de modo que, ahora, Escorpio, Acuario y Piscis tienen un regente tradicional además de un regente moderno.

Signo	Regente tradicional		Regente moderno	
♈ Aries	♂	Marte	-	
♉ Tauro	♀	Venus	-	
♊ Géminis	☿	Mercurio	-	
♋ Cáncer	☽	Luna	-	
♌ Leo	☉	Sol	-	
♍ Virgo	☿	Mercurio	-	
♎ Libra	♀	Venus	-	
♏ Escorpio	♂	Marte	♇	Plutón
♐ Sagitario	♃	Júpiter	-	
♑ Capricornio	♄	Saturno	-	
♒ Acuario	♄	Saturno	♅	Urano
♓ Piscis	♃	Júpiter	♆	Neptuno

Consultar esta tabla te permitirá ver si la regencia planetaria es un punto de conexión entre tu Venus y tu Marte, incluso si aparentemente no tienen mucho más en común. También la puedes usar cuando compares las posiciones de Venus y Marte de otras personas con las tuyas. Por ejemplo, imagina que tienes a Venus en Sagitario y que el Venus de tu pareja está en Piscis. Si bien parece que no tienen nada en común, si consultas esta tabla verás que tu Venus está regido por Júpiter, que también es el regente tradicional de Piscis, por lo que comparten una cualidad jupiteriana. Consulta la siguiente lista de palabras clave planetarias para ver cómo Júpiter puede ejercer esta influencia.

Cómo nos influyen los planetas

A continuación, encontrarás algunas de las áreas que rigen cada uno de los diez planetas. Ver a qué áreas de la vida afecta cada planeta te ayudará a aumentar tus conocimientos astrológicos.

⊙ Sol

Dónde y cómo brillas; sensación de identidad; ego; creatividad; salud; trayectoria vital; liderazgo; figuras paternas.

☽ Luna

Qué te resulta familiar y tranquilizador; hábitos; hogar; familia; necesidades; qué te nutre; figuras maternas.

☿ Mercurio

En qué piensas y de qué hablas; habilidades de comunicación; juventud; versatilidad; comprar y vender; hermanos.

♀ Venus

Qué y a quién quieres; disfrute; placer; necesidades emocionales; valores; dinero; habilidad para dar y recibir amor.

♂ Marte

Qué te motiva; empuje; determinación; energía; tus anhelos, impulsos y deseos; ira; agresividad.

♃ Júpiter

Dónde creces y te expandes; sabiduría; filosofía; creencias; viajes; optimismo; seguridad en ti mismo; exuberancia.

♄ Saturno

Lo que te disciplina y te limita; normas; miedos; condicionamientos; límites; estructuras; cimientos; figuras de autoridad; convenciones.

♅ Urano

Dónde y cómo eres único; rebelión; el impacto de la novedad; humanitarismo; fuera de lo común; originalidad.

♆ Neptuno

Dónde y cómo te conectas con el mundo; espiritualidad; el inconsciente; la búsqueda de sentido; romance; imaginación; ausencia de límites.

♇ Plutón

Dónde y cómo te transformas; intensidad; cambio; supervivencia; eliminación; el inframundo; lo oculto o lo prohibido.

Los doce signos del zodíaco

Hay tanto que decir acerca de lo que significan cada uno de los doce signos del zodíaco que se han escrito bibliotecas enteras sobre este tema. Aquí solo entraremos en las características principales de cada signo. Comienza por buscar las palabras clave de tu signo solar y juega con ellas en tu imaginación. Amplía su significado, reflexiona acerca de cómo se manifiestan en ti y comienza a dar vida a tu carta astral.

♈ Aries

Entusiasta; dinámico; impetuoso; impaciente; iniciativa; pionero; centrado en sí mismo.

♉ Tauro

Estable; equilibrado; práctico; constante; resuelto; posesivo; obstinado; relajado; centrado en lo material.

♊ Géminis

Versátil; mutable; ocupado; curioso; poca tolerancia al aburrimiento; centrado en la comunicación.

♋ Cáncer

Emocional; temperamental; intuitivo; sensible; tenaz; defensivo; protector; centrado en lo conocido.

♌ Leo

Creativo; cariñoso; afectuoso; dramático; leal; autoexpresión; orgullo; dignidad; directivo; centrado en la autoexpresión.

♍ Virgo

Modesto; pragmático; diligente; ordenado; preciso; meticuloso; interés por los detalles; analítico; centrado en ser útil.

♎ Libra

Necesidad de equilibrio; cortés; quiere armonía; indeciso; diplomático; centrado en las relaciones.

♏ Escorpio

Emociones intensas; tabúes; secretos; fuerza de voluntad; control; celos; introspección; centrado en la transformación.

♐ Sagitario

Mirada al exterior; expansivo; idealista; optimista; conocimiento; falta de tacto; exageración; centrado en la exploración.

♑ Capricornio

Disciplinado; riguroso; sabiduría; ambición; reconocimiento; respetabilidad; centrado en el logro.

♒ Acuario

Original; independiente; humanitario; emocionalmente desapegado; racional; dogmático; centrado en las ideas.

♓ Piscis

Sensible; instintivo; amable; altruista; vulnerable; impresionable; escapista; idealista; centrado en la compasión.

En qué medida se reflejan los conceptos clave de tu signo solar en tus relaciones emocionales? A medida que leas acerca de Marte y de Venus y de otras partes de la carta astral, podrás evaluar tus influencias astrológicas con más matices cada vez.

Los elementos y las modalidades

En astrología, tenemos diez planetas, doce signos zodiacales y doce casas en la carta astral (hablaremos de ellas más adelante). También tenemos cuatro elementos y tres modalidades y, si multiplicas cuatro por tres, tienes doce. Esto significa que cada signo del zodíaco cuenta con una combinación única de elemento y modalidad, lo que nos proporciona una dimensión y una expresión más profundas.

¿Qué elemento eres tú?

Los astrólogos occidentales creen que la naturaleza se compone de cuatro elementos: fuego, tierra, aire y agua. Cada uno se comporta y reacciona de maneras concretas, en línea con el elemento en cuestión. Por ejemplo, el elemento fuego es cálido, entusiasta y afectuoso. Cada elemento rige tres signos, a los que otorga sus cualidades:

Fuego

Aries, Leo,
Sagitario

**Entusiasta, bondadoso,
impulsivo, extrovertido, idealista**

Aire

Géminis, Libra,
Acuario

**Inteligente, comunicativo,
interesado en las ideas**

Tierra

Tauro, Virgo,
Capricornio

**Equilibrado, estable,
práctico, obstinado**

Agua

Cáncer, Escorpio,
Piscis

**Emocional, sensible,
empático, cuidador**

¿Qué modalidad eres tú?

Hay tres modalidades: cardinal, fija y mutable.
Describen nuestra actitud ante la vida y cada una rige
cuatro signos.

Cardinal	Fija	Mutable
Aries, Cáncer, Libra, Capricornio	Tauro, Leo, Escorpio, Acuario	Géminis, Virgo, Sagitario, Piscis
Decidido, motivado, ambicioso, tenaz	**Centrado, obstinado, empático, resistente al cambio**	**Fluido, cambiante, versátil, necesita espacio de maniobra**

Cómo se relacionan los elementos y las modalidades

Cada planeta de la carta astral se corresponde con un signo que tiene un elemento y una modalidad particulares. Busca información acerca del elemento y de la modalidad de tu signo solar para enriquecer tu percepción de este y, luego, pasa a los elementos y a las modalidades de tus signos de Venus y de Marte. Cuando juegues con las imágenes que se conjuran al combinar el elemento y la modalidad, es posible que tengas verdaderas revelaciones. El agua fija es hielo; ¿cómo puedes usar eso cuando intentes entender a Escorpio? Quizás, es emoción contenida con firmeza pero que se funde cuando las condiciones son las adecuadas. El fuego cardinal quema con intensidad y rapidez, lo que suena exactamente como Aries. A veces se descontrola, de la misma manera que Aries puede ser demasiado impetuoso en ocasiones. Los elementos y las modalidades que rigen tu Venus y tu Marte afectarán a tus relaciones, porque influyen en cómo reaccionas ante los demás y en el tipo de relaciones que buscas.

Estudiar los elementos del Venus o Marte de otra persona también es muy útil, al igual que combinar su elemento de Venus con tu elemento de Marte y viceversa. Los signos de fuego y de aire se llevan bien (el aire alimenta al fuego), al igual que los signos de tierra y de agua (el agua mueve la tierra). Por el contrario, los elementos que ocupan posiciones contiguas en la tabla siguiente, como el fuego y la tierra (la tierra apaga el fuego) no son tan compatibles.

	Fuego	Tierra	Aire	Agua
Cardinal	Aries	Capricornio	Libra	Cáncer
Fija	Leo	Tauro	Acuario	Escorpio
Mutable	Sagitario	Virgo	Géminis	Piscis

Las posiciones de tu Venus y de tu Marte

Conocer las posiciones que ocupaban Venus y Marte cuando naciste te abre las puertas a gran cantidad de información acerca de tu yo interior, sobre todo en lo que a las relaciones se refiere. Este conocimiento, que podrás explorar en detalle en el libro, te permitirá responder a todo tipo de preguntas acerca de ti mismo y también iluminará áreas de tu personalidad y de cómo te relacionas con los demás que habían permanecido ocultas hasta ahora.

Tu signo de Venus revela algunas de las áreas más sensibles y delicadas de tu personalidad, además de lo que anhelas emocionalmente y de cómo demuestras tu amor, mientras que el signo de Marte te dice cómo te afirmas ante los demás y lo que quieres de la vida. Y de las relaciones, claro, porque Marte es el planeta del deseo, de la motivación y del impulso sexual.

Si aún no sabes qué signos zodiacales ocupaban Venus y Marte cuando naciste, consulta las tablas al final del libro. Necesitarás la siguiente información:

Fecha de nacimiento	Hora de nacimiento	Lugar de nacimiento
	que te ayudará a ajustar tu signo de Venus o de Marte si cambiaron de signo en el día en cuestión	si necesitas hacer esos ajustes

Por muchas ganas que tengas de conocer la carta astral de tu pareja o de tus hijos, merece la pena que empieces por la tuya. Es muy probable que te conozcas a ti mismo mejor de lo que conoces a nadie más, por lo que te será más fácil aplicar lo que leerás aquí acerca de tus signos de Venus y de Marte a lo que ya sabes de ti. Ten paciencia y no tengas prisa, sobre todo si es la primera vez que exploras tu carta astral.

A continuación, encontrarás una guía paso a paso de lo que tienes que hacer. Si tu año de nacimiento no aparece en las tablas, en la p. 175 hallarás información sobre qué hacer.

Primer paso

Busca tu fecha de nacimiento en las tablas de Venus al final del libro. Busca la fecha anterior a tu fecha de nacimiento más próxima y haz lo mismo con la fecha posterior. Esto te dirá qué signo ocupaba Venus el día en que naciste. Por ejemplo, si naciste el 15 de septiembre de 1987, verás que Venus entró en Virgo el 23 de agosto y pasó a Libra el 16 de septiembre, por lo que tu Venus está en Virgo.

Si naciste el día en que los signos cambiaron, tendrás que hacer un poco más de investigación en el tercer paso.

Segundo paso

Haz lo mismo con la posición de Marte el día de tu nacimiento. Si miras en las tablas de Marte, verás que Marte entró en Virgo el 22 de agosto y permaneció allí hasta el 8 de octubre, por lo que naciste con Marte en Virgo.

De vez en cuando, Venus y Marte se vuelven retrógrados (se mueven hacia atrás vistos desde la Tierra, como verás en la p. 40) y pueden pasar incluso al signo anterior. Si esto sucede, lo verás marcado claramente en las tablas con la «R» de «retrógrado». Cuando el planeta recupere la dirección original, es decir, vaya hacia delante, el movimiento aparece indicado con la «D» de «directo».

Como antes, si naciste el día en que el signo cambia, tendrás que hacer el tercer paso.

Tercer paso

Si naciste en un margen de unas pocas horas antes o después de que uno de los planetas cambiara de signo (y hasta 12 horas si naciste lejos de Reino Unido, por motivos que estás a punto de averiguar), necesitas saber a qué hora naciste para determinar en qué signo estaba el planeta en ese momento.

En astrología, siempre usamos el tiempo universal coordinado (UTC), también conocido como tiempo medio de Greenwich (GMT), porque todas las zonas horarias mundiales comienzan en Greenwich (Londres). Por lo tanto, hayas nacido donde hayas nacido, tienes que pasar la hora al UTC antes de usar las tablas.

La manera más fácil de hacer tu propia carta es usar un programa de astrología en línea (véase p. 175). Si introduces la fecha, el lugar y la hora de nacimiento, el programa hará todos los cálculos por ti y te dirá el grado exacto y el signo de todos los planetas de tu carta astral, Venus y Marte incluidos. Si naciste en Reino Unido en invierno, cuando el UTC suele estar vigente, es posible que descubras que se usaba el BST (horario de verano británico).

Cuarto paso

Si no estás seguro de la hora en que naciste, intenta hacer una estimación a partir de la información que tengas, como «fue hacia la hora de la cena». Si no tienes ni idea, usa el mediodía, porque es el punto medio del día, como indica su nombre.

Quinto paso

Lee acerca del signo relevante. ¿Te resuena? Si no, lee el otro signo posible. ¿Te encaja mejor este? Algunos libros afirman que, si naciste con un planeta en el vértice entre dos signos, el planeta tiene parte de ambos en su naturaleza, pero no es así. El planeta está o en un signo o en el otro, no es una combinación de los dos.

Sexto paso

Si conoces la hora exacta en que naciste y has usado un programa de astrología para calcular tu carta astral, sabrás no solo cuáles son tus signos de Venus y de Marte, sino también las casas que ocupan en tu carta. Lee acerca de Venus y las casas en las pp. 70-73 y acerca de Marte y las casas en las pp. 102-105.

Séptimo paso

Las tablas de Venus y de Marte tienen otros usos. ¿Quieres saber más acerca de un momento muy emotivo en tu vida? ¡Busca la fecha en las tablas! También puedes encontrar los signos actuales que ocupan los dos planetas y leer las partes relevantes del libro para descubrir cómo afectan a tus relaciones esos signos ahora.

Listo para avanzar

Si avanzas paso a paso, descubrirás que es mucho más fácil de lo que parece. Ahora estás listo para sacarle todo el jugo al libro. Empieza por leer acerca de ti y luego investiga la composición emocional de tus seres queridos. Es posible que descubras múltiples maneras de entenderlos mejor y, por lo tanto, de llevarte mejor con las personas importantes en tu vida.

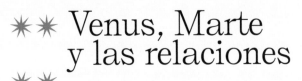

Venus, Marte y las relaciones

Si hasta ahora tu experiencia con la astrología se ha centrado fundamentalmente en tu signo solar (el signo que ocupaba el Sol cuando naciste), estás a punto de llevar tu conocimiento astrológico al siguiente nivel. Con el Sol, te concentras en la combinación individual del Sol y el signo del zodíaco relevante, pero con Venus y Marte añades dos planetas y, posiblemente, dos signos más. Y es ahí donde las cosas se pueden empezar a complicar, porque hay más combinaciones astrológicas que tener en cuenta.

Por lo tanto, antes de ahondar en tus signos de Venus y de Marte, es necesario que entiendas qué representan astrológicamente hablando. Venus habla del amor, del placer, del afecto, de la necesidad de armonía y de lo que nos hace felices. Por su parte, Marte describe nuestros impulsos, motivaciones y anhelos, además de nuestras necesidades sexuales y lo que nos enciende, ya sea de entusiasmo o de ira.

Esto significa que cómo expreses el amor mediante tu signo de Venus no necesariamente encajará con cómo expresas tus deseos sexuales mediante tu signo de Marte. Es posible incluso que tu Venus y tu Marte tengan maneras completamente distintas de entender las relaciones.

Cuando nos contradecimos a nosotros mismos

La mayoría de nosotros somos muy conscientes de nuestras contradicciones internas, sobre todo si nuestros seres queridos nos las señalan durante lo que los políticos gustan de llamar «intercambios sinceros de opiniones». Las contradicciones se reflejan con gran detalle en nuestra carta astral, como ya habrás descubierto si has estudiado la tuya alguna vez. Estos choques de personalidad en nuestro interior pueden hacer que la vida sea muy entretenida. Walt Whitman plasmó sus contradicciones en el verso 51 de su *Canto a mi mismo*:

¿Me contradigo?
Muy bien, pues me contradigo,
(Soy grande, contengo multitudes.)

Ahora que conoces las posiciones de Venus y de Marte en tu carta astral, es posible que descubras que sus signos también narran historias contradictorias acerca de ti. Esto significa que tu actitud ante las relaciones, sobre las que Venus y Marte ejercen una gran influencia, podría estar también llena de contradicciones. Si es tu caso, permíteme que te diga que en astrología no hay combinaciones correctas o incorrectas. Tener un Venus y un Marte incompatibles no significa que seas incapaz de tratar con los demás. Lo que significa es que expresas el amor de una manera muy distinta a como manifiestas tus necesidades sexuales.

Hay personas que nacen con varios planetas concentrados en uno o dos signos, mientras que otras tienen los planetas esparcidos por toda la carta astral, por lo que las cartas de distintas personas pueden tener aspectos muy distintos. Que tu Venus y tu Marte estén en signos distintos no significa necesariamente que te hayas equivocado al buscarlos, aunque siempre viene bien comprobarlo por si acaso.

¿Se hablan tu Venus y tu Marte?

Una vez sepas los signos que ocupan tu Venus y tu Marte, tendrás que averiguar si hablan el mismo idioma astrológico. ¿Se entienden? ¿Comparten los mismos objetivos en lo que a las relaciones se refiere? ¿O son tan distintos que es como si hablaran idiomas diferentes y necesitan que les hagas de intérprete?

Todo depende de los signos que ocupen y de si tienen buena conexión entre ellos, como ser del mismo elemento o modalidad o al menos ser compatibles en esos sentidos. Pueden estar conectados o bien por el elemento o bien por la modalidad, pero solo compartirán ambas cosas si son del mismo signo. A veces, los signos no comparten ni elemento ni modalidad, por lo que parece que no tienen nada en común. Si este es tu caso, comprueba si tienen el mismo regente planetario (véanse pp. 22-25).

Incluso si no tienes tu carta astral, el mero hecho de conocer la relación que mantienen tu Venus y tu Marte en función de sus signos zodiacales te ofrecerá información muy importante acerca de cómo conectan.

Las posiciones relativas de Venus y de Marte

Si tienes tu carta astral, podrás ver a cuántos grados de distancia están tu Venus y tu Marte. Es lo que se conoce como la conexión en aspecto. Como verás, cada aspecto tiene un orbe (margen) de una cantidad de grados específica a lado y lado. Estos son los seis aspectos principales.

☌ Conjunción

Ambos planetas están en el mismo signo; admite un orbe de 8°.

△ Trígono

Están separados por 120°; admite un orbe de 6°.

⚹ Sextil

Están separados por un signo, es decir, por 60°; admite un orbe de 4°.

⚻ Quincuncio

Están separados por 150°; admite un orbe de 2°.

□ Cuadratura

Están separados por 90°; admite un orbe de 6°.

☍ Oposición

Están separados por 180°; admite un orbe de 8°.

Puedes calcular cuántos signos separan a tu Venus de tu Marte incluso si no tienes tu carta astral. Comienza por el planeta que llegue antes en el zodíaco (ten en cuenta que en la carta astral se avanza en sentido antihorario) y cuenta hasta que llegues al segundo planeta. Por ejemplo, si tienes a Venus en Sagitario y a Marte en Tauro, comienza por Marte y cuenta hasta que llegues a Venus.

La información que sigue no se aplica únicamente a tu Venus y a tu Marte, sino que la puedes usar para descubrir cómo se conecta tu Venus con el Marte de otra persona y viceversa.

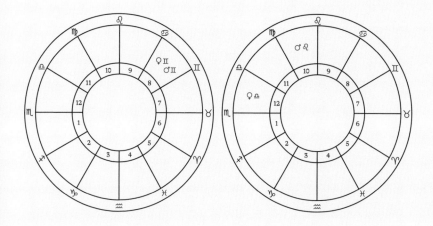

Conjunción por signo

Esto sucede cuando ambos planetas ocupan el mismo signo, como cuando tanto Venus como Marte están en Géminis. En este caso, tu estilo Venus de amar se expresa de la misma manera que tu estilo Marte de sexo y motivación. Esto puede ser bueno, porque los dos planetas se entienden muy bien, pero también puede significar que estás tan acostumbrado a comportarte al estilo de ese signo que ni se te pasa por la cabeza que las relaciones puedan ser de otra manera.

Anota el elemento y la modalidad del signo relevante, porque te dará más información acerca de cómo operan tu Venus y tu Marte.

Sextil por signo

Aquí, los planetas están separados por un signo completo, por ejemplo Venus en Libra y Marte en Leo, separados por Virgo. Esto los ubica en elementos complementarios: o bien fuego y aire o tierra y agua. Cada uno tiene su propio estilo de expresión, pero son compatibles entre sí.

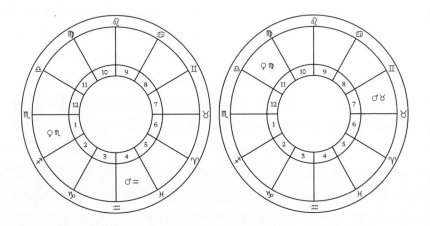

Cuadratura por signo

Venus y Marte están separados por dos
signos completos. Aquí, Venus está en
Escorpio y Marte en Acuario, por lo
que están separados por Sagitario y
Capricornio. Por lo tanto, los signos en
aspecto de cuadratura están en la misma
modalidad, ya sea cardinal, fija o mutable.
Sus estilos de expresión son distintos, pero
comparten una misma actitud básica ante
las relaciones.

Trígono por signo

En un trígono, los planetas están separados
por tres signos completos En este ejemplo,
Venus está en Virgo y Marte en Tauro,
separados por Géminis, Cáncer y Leo. Los
planetas en trígono comparten el mismo
elemento (tierra, en este caso) y, por lo
tanto, tienen estilos de conducta similares.

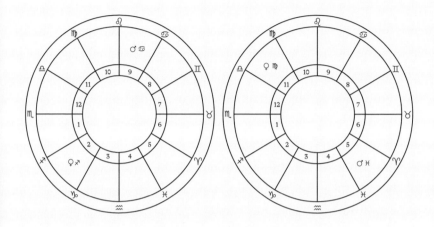

Quincuncio por signo

Aquí, cuatro signos completos (Leo, Virgo, Libra y Escorpio) separan a Venus en Sagitario de Marte en Cáncer, por lo que no comparten ni elemento ni modalidad. Aparentemente, Venus y Marte no se entienden en absoluto cuando están en quincuncio por signo, por lo que el modo en que expresas tu Venus no encaja con cómo expresas tu Marte. Cada uno quiere cosas muy distintas de una relación y tendrás que encontrar un punto medio o al menos tener en cuenta la contradicción entre tus impulsos emocionales y sexuales si quieres gestionarlos de forma consciente.

Dos de los emparejamientos por quincuncio están regidos por el mismo planeta, por lo que al menos tienen eso en común. Se trata de Tauro y Libra (ambos regidos por Venus) y Aries y Escorpio (Marte rige a Aries y es el regente tradicional de Escorpio).

Oposición por signo

Los planetas están separados por cinco signos completos. Aquí, Venus está en Virgo y Marte en Piscis, por lo que están separados por Libra, Escorpio, Sagitario, Capricornio y Acuario. Los planetas en oposición comparten la misma modalidad. Están en ubicaciones diametralmente opuestas y, sin embargo, están conectados porque están en sendos extremos de un mismo eje. Piensa en este eje como en la versión planetaria de un balancín. Hay que mantener ambos extremos equilibrados para que ambos signos se expresen en la misma medida en lugar de prestar más atención a uno en detrimento del otro.

Si están retrógrados...
¡no te asustes!

A excepción del Sol y de la Luna, todos los planetas del sistema solar retrogradan en algún momento de su ciclo y, entonces, da la impresión de que retroceden en el cielo. Venus y Marte no son una excepción, claro, pero ¿qué significa esa retrogradación? ¿Nos aboca al desastre emocional?

Antes de explorar cómo nos pueden afectar astrológicamente un Venus o un Marte retrógrados, veamos qué sucede astronómicamente. «Retrógrado» significa que, visto desde la Tierra, da la impresión de que un planeta retrocede por el cielo en lugar de avanzar. Por supuesto, los planetas no retroceden, sino que es una ilusión óptica derivada de las distintas velocidades y distancias a las que los planetas orbitan alrededor del Sol. Cuando la Tierra avanza a un planeta exterior que se desplaza a menor velocidad, da la sensación de que ese planeta da marcha atrás. Parece que baja de velocidad hasta que se detiene por completo. Es lo que se conoce como «estacionamiento». Entonces, el planeta retrograda durante un tiempo, antes de volver a detenerse y volver a avanzar en lo que se conoce como «movimiento directo». En las tablas de Venus y de Marte al final del libro, verás que estas fases están marcadas con «R» y «D». Durante la retrogradación (R), el planeta o bien permanece en el mismo signo o bien retrocede al signo anterior antes de reanudar el movimiento directo (D).

Los planetas retrógrados nos afectan de dos maneras distintas: cuando eran retrógrados en el momento de nuestro nacimiento (retrógrados natales) y cuando son retrógrados en tránsito (cuando avanzan por el cielo).

Retrógrados natales

La manera de entender cómo te afecta un planeta natal retrógrado es pensar en ello como en ir a contracorriente. Es decir, la manera en que expresarás el planeta en el signo en cuestión será distinta a la de alguien nacido cuando el planeta iba en movimiento directo en ese mismo signo. Un Venus natal retrógrado puede expresar el amor de un modo distinto a cómo cabría esperar del signo: quizás te sientas inseguro o lleno de timidez a la hora de expresar tu afecto (Venus retrógrado en Leo); quizás tengas problemas con tu familia (Venus retrógrado en Cáncer); o quizás no te importen demasiado los valores materiales (Venus retrógrado en Tauro). Un Marte natal retrógrado se podría afirmar de maneras poco habituales (Marte retrógrado en Aries); o quizás seas reticente a implicarte sexualmente (Marte retrógrado en Escorpio); o quizás te esfuerces sobremanera para lograr tus objetivos (Marte retrógrado en Capricornio).

Retrógrados en tránsito

En pocas palabras, un tránsito es la trayectoria que un planeta recorre por el cielo. En este preciso instante, mientras lees estas líneas, todos los planetas transitan por nuestro sistema solar y, quizás, Venus o Marte estén retrógrados. ¿Cómo te afectaría eso? Entiéndelo como una oportunidad de reconsiderar y de reflexionar acerca del significado del planeta en ese signo. Por ejemplo, Venus retrógrado en Géminis podría ser un buen momento para reevaluar cómo te comunicas con algunas de las personas en tu vida. Marte retrógrado en Cáncer sería el momento de pausar los planes para renovar la cocina o de darte cuenta de que los tendrías que revisar. También deberías evitar comenzar proyectos nuevos en relación con el signo en cuestión cuando Marte esté retrógrado, así como evitar tomar decisiones emocionales o económicas importantes cuando es Venus quien retrograda.

Si tienes tu carta astral, verás qué casa transita el planeta retrógrado, lo que te dará aún más información sobre cómo te puede afectar. Y recuerda que puedes analizar retrógrados ya pasados para ver si te afectaron o no. Es una manera fantástica de aprender a ver cómo funciona tu carta astral y qué áreas de esta son especialmente sensibles.

Tercera parte

La astrología de Venus

En este apartado del libro, descubrirás cómo Venus afecta a tu relaciones, sean del tipo que sean. Tu relación de pareja, los vínculos familiares, las amistades, las relaciones profesionales... todas ellas están influidas y matizadas por el signo que Venus ocupara cuando naciste. Venus nunca está a más de 47° del Sol, lo que significa que tu signo de Venus será o bien el mismo que tu signo solar o bien uno de los dos signos que lo preceden o lo siguen. Una vez hayas leído acerca de tu signo de Venus y de cómo se comporta en combinación con tu signo solar, puedes investigar el papel que Venus desempeña en las cartas astrales de tus seres queridos. Si sabes la hora en que naciste y tienes tu carta astral, también puedes investigar qué dice la casa de Venus acerca del área de la vida en que expresas de forma natural la energía venusina.

¿Qué representa Venus en la astrología?

Afecto, atracción, disfrute, felicidad... todo ello forma parte del reino de Venus, el planeta que rige el principio del placer. Además del amor, Venus gobierna todo lo que nos hace felices en la vida. Siempre que haces algo que te alegra o que te lleva a sonreír, expresas el signo, la posición en la casa o los aspectos de Venus en tu carta astral. Venus puede aparecer en múltiples combinaciones en tu carta astral, pero recuerda que siempre estará o bien en tu signo solar o bien en uno de los dos signos que lo preceden o lo siguen.

Venus rige el amor sobre todas las cosas y, cuando hablamos de amor, muchas personas piensan inmediatamente en las relaciones de pareja. Sin embargo, Venus también nos habla de las cosas y de las actividades que nos gustan. El signo que Venus ocupe en tu carta astral describe qué (y a quién) quieres, además de la manera en que lo quieres. Por ejemplo, si tienes a Venus en Aries, demostrarás el amor de la manera rápida e impetuosa que caracteriza al carnero. Cuando te enamoras de alguien, no quieres esperar hasta la semana que viene para declararle tu amor eterno. Quieres hacerlo ahora, mientras lo sientes. Por otro lado, la persona amada también presentará algunas cualidades de Aries. Disfrutarás de actividades regidas por Aries o que evoquen a Marte, el regente planetario de este signo.

Dar sentido a la vida

Venus también tiene mucho que decir acerca de los valores. Son las áreas de la vida que nos importan de verdad, tanto si son personas, relaciones, actividades, principios, ideas o posesiones. Son aquello en lo que estamos dispuestos a invertir tiempo o dinero porque consideramos que merece la pena y porque mejora nuestra vida de algún modo. Aunque hay otros planetas que también influyen en lo que valoramos en la vida, Venus es el que ejerce el mayor impacto.

Cuestión de encanto

Venus es uno de los planetas que rige el encanto (el otro es Neptuno). A Venus le gusta que la vida sea agradable, relajada, tranquila y placentera, y una de las maneras de conseguirlo es ser tan encantador como sea posible. Eso reduce las probabilidades de que alguien se enfade o cree una atmósfera desagradable (dos cosas que a Venus le cuesta gestionar). Las personas con un Venus potente en su carta astral, como cuando está en uno de sus signos (Tauro o en Libra) o en conjunción con el Sol, tienen una capacidad maravillosa para sintonizar con los demás a nivel emocional y saben intuitivamente cómo hacer y decir lo correcto para que el otro esté a gusto. Son esas personas que desactivan la ira de los demás en un abrir y cerrar de ojos con unas pocas palabras cuidadosamente escogidas y con una sonrisa dulce.

Dulce como el almíbar

«Dulce» es una palabra muy venusina y, aunque Venus sabe cómo ser dulce con los demás, todo el que exprese esta dulzura venusiana ha de tener cuidado y no pasarse, porque se puede hacer empalagoso o, aún peor, parecer poco sincero. Así que, idealmente, Venus debería recordar que «también el azúcar puede arruinar un postre».

Venus natal en Aries

¿Qué significa haber nacido con Venus en Aries? Estás a punto de descubrirlo, tanto si estás leyendo acerca de ti como de otra persona. Los planetas no trabajan en solitario, así que en esta sección averiguarás el equipo que forman tu signo de Venus y tu signo solar.

Elemento	Modalidad	Palabras clave
Fuego	Cardinal	Impulsivo, amante de la diversión, directo

Entusiasta, asertivo, vivaz y dinámico. Imposible que te ignoren; bueno, al menos no durante demasiado tiempo, porque no tardarás en hacerte notar. Venus rige las cosas que amamos y tú adoras que se fijen en ti y que te valoren. No soportas que te ninguneen y te irritas con facilidad si te dan de lado durante demasiado tiempo. Admitámoslo, no te puedes resistir a ser el centro de atención. Se lo puedes agradecer a Aries, aunque te tienes que asegurar de que esa necesidad de atención no se desborde y te lleve a ser absolutamente egocéntrico y a interesarte solo por lo que te importa a ti.

La generosidad con las personas a las que quieres es uno de tus mayores atractivos. Disfrutas haciéndoles regalos y concediéndoles pequeños caprichos de forma impulsiva solo para demostrarles tu amor o porque sabes que les encantará lo que les has comprado.

Venus necesita crear armonía, pero eso no siempre es fácil cuando está en Aries, porque es un signo que no puede evitar ponerse furioso de vez en cuando. Si tienes más planetas en Aries o un Marte potente, es posible incluso que creas que no hay nada mejor que una buena pelea. Te desmelenas de verdad, arrojas cosas en un momento de ira y sueltas una retahíla de agravios pasados para desahogarte. Por supuesto, luego disfrutas de la reconciliación. Para ti, las discusiones vienen y se van a la velocidad del rayo y pasan al olvido. Que al otro se le dé tan bien lo de olvidar y perdonar ya es harina de otro costal.

Sol en Acuario,
Venus en Aries

Amante de la libertad; independiente; carácter fuerte;
necesidad de hacer las cosas a tu manera;
amor por lo nuevo; sensible e idealista.

Sol en Piscis,
Venus en Aries

Emocional; compasivo, pero con carácter; generoso;
afectuoso y cariñoso; te sientes dolido con facilidad
cuando te decepcionan o te traicionan.

Sol en Aries,
Venus en Aries

Enérgico, entusiasta; te encanta sacarle el jugo a cada
día; te recuperas rápidamente de los tropiezos y de las
decepciones; no soportas que no te hagan caso.

Sol en Tauro,
Venus en Aries

El lento pragmatismo de Tauro choca con la
impaciencia de Aries; leal y afectuoso, pero tiendes a
aburrirte; necesitas una pareja animada y entretenida.

Sol en Géminis,
Venus en Aries

Dinámico, enérgico; disfrutas de la vida ajetreada,
pero te aburres cuando las cosas se calman;
no siempre eres completamente fiel.

Venus natal en Tauro

Nacer con Venus en Tauro es una combinación fascinante y en esta sección averiguarás por qué, tanto si quieres saber más acerca de ti como de otra persona. Aquí descubrirás cómo colaboran tu signo de Venus y tu signo solar, porque los planetas nunca trabajan solos.

Elemento	Modalidad	Palabras clave
Tierra	Fija	Sensual, afectuoso, le da importancia a la seguridad

Venus rige Tauro (y Libra), por lo que nacer con esta configuración significa que tienes una dosis doble de energía venusina. Eres afectuoso y de trato fácil y haces todo lo posible para llevarte bien con quienes te rodean. Con mucha frecuencia, enfadarte te supone demasiado esfuerzo y te da pereza, así que dejas pasar las cosas. Sin embargo, en las raras ocasiones en que te enfadas, lo dejas meridianamente claro. Piensa en un toro normalmente plácido al que provocan hasta enfurecerlo.

Venus rige el placer y, cuando está en Tauro, significa que disfrutas de las cosas sencillas de la vida: eso puede consistir en pasear descalzo sobre la hierba junto a tu pareja, tomar una copa un vino blanco deliciosamente helado mientras observas el atardecer o asaltar tu alijo de chocolate cuando necesitas que te levanten el ánimo. La comida es uno de tus grandes placeres, sobre todo si la puedes compartir con otros. También es una forma magnífica de consolarte cuando las cosas se ponen difíciles, a pesar de que esto puede ejercer un impacto negativo sobre tu peso y llevar a que sospeches que todo tu vestuario se ha encogido misteriosamente. También disfrutas del aspecto sensual de la comida: el sabor, la textura, el color...

Te encanta estar con gente, pero necesitas sentir que puedes confiar en ellos. Como eres muy leal y fiel, esperas lo mismo de las personas a las que quieres y te sientes muy herido si te decepcionan.

Sol en Piscis,
Venus en Tauro

La vida ha de ser tranquila; combinas la compasión
de Piscis con la necesidad de Tauro de ofrecer ayuda
práctica; romántico, sensual y afectuoso.

Sol en Aries,
Venus en Tauro

Enérgico y emprendedor; disfrutas teniendo éxito en
la vida y enfrentándote a retos; tus emociones nunca
están demasiado lejos de la superficie; las relaciones
han de ser apasionadas.

Sol en Tauro,
Venus en Tauro

Te gusta ir despacio; mucha necesidad de placer
y de gratificación sensual; la capacidad para relajarte
se puede confundir por pereza; táctil.

Sol en Géminis,
Venus en Tauro

Te gusta conocer a gente nueva, pero disfrutas
de verdad cuando puedes conectar en profundidad;
la actitud relajada de Géminis ante las relaciones
choca con la posesividad de Tauro.

Sol en Cáncer,
Venus en Tauro

Búsqueda continua de apoyo emocional y de
seguridad; prefieres evitar las situaciones difíciles y
a las personas desagradables; una vida doméstica
y familiar feliz es imprescindible para ti.

Venus natal en Géminis

Aquí descubrirás qué significa nacer con Venus en Géminis, tanto si se trata de ti como de un ser querido. Los planetas no funcionan en solitario, así que aquí aprenderás qué tipo de equipo forman tu signo de Venus y tu signo solar.

Elemento	Modalidad	Palabras clave
Aire	Mutable	Adaptable, encantador, mariposilla social

Es probable que tengas una larga lista de admiradores a los que atraes con tu elegancia, tu conversación vivaz y tu aspecto juvenil. ¡Y que dure! Tu imagen y tu actitud general no reflejarán tu edad a medida que te vayas haciendo mayor, por lo que darás la impresión de ser mucho más joven de lo que eres en realidad. Venus en Géminis te aporta ligereza a la hora de comunicarte con los demás y te resulta fácil encontrar la palabra adecuada incluso en los momentos más escabrosos. Tu tacto y tu ingenio con las palabras te son útiles en todas las áreas de tu vida, aunque has de contener la tendencia a decir lo que crees que el otro quiere escuchar en lugar de decirle la verdad, sobre todo cuando intentas zafarte de un embrollo.

Tener a Venus en Géminis significa que disfrutas de una amplia variedad de actividades, sobre todo si tienen que ver con la lectura, la escritura, la conversación o el juego. Por ejemplo, los niños te adoran porque siempre estás dispuesto a jugar con ellos, a hacer tonterías o a darles chucherías. Te gusta estar en movimiento, por lo que necesitas muchos cambios de escenario. Quedarte demasiado tiempo en un mismo sitio te agobia y te desgasta y estar con la misma gente un día tras otro te resulta igualmente aburrido. La variedad es la chispa de la vida en lo que a ti respecta, así que asegúrate de que evitas el espantoso riesgo que supone para ti el aburrimiento.

Sol en Aries,
Venus en Géminis

Vivaz, enérgico y dispuesto a casi todo; la vida
es una aventura; las relaciones emocionales
han de ser relajadas y ligeras.

Sol en Tauro,
Venus en Géminis

El plácido Tauro complementa al vivaz y enérgico
Géminis; no eres tan posesivo como otros Tauro, pero
quizás tampoco ofrezcas su fidelidad inquebrantable.

Sol en Géminis,
Venus en Géminis

Juguetón, coqueto, vital y divertidísimo; eternamente
joven, con una naturaleza peterpanesca; no soportas
las escenas melodramáticas ni excesivamente
emotivas.

Sol en Cáncer,
Venus en Géminis

Cuidas de tus seres queridos y los entretienes; inviertes
mucha energía en la vida familiar y doméstica;
también necesitas intereses fuera de casa.

Sol en Leo,
Venus en Géminis

Deslumbrante, atractivo y encantador; la clásica
calidez, instinto de protección e intensidad emocional
de los Leo, pero con un toque más ligero.

Venus natal en Cáncer

Que Venus estuviera en Cáncer cuando naciste hace que, probablemente, abordes las relaciones de una manera concreta y ahora averiguarás cuál es y por qué. Tanto si quieres aprender algo de tu pareja, de un amigo o de un familiar como si lo que quieres es conocerte mejor a ti mismo, descubrirás que los planetas no trabajan en solitario y qué tipo de equipo forman tu signo de Venus y tu signo solar.

Elemento	Modalidad	Palabras clave
Agua	Cardinal	Afectuoso, protector, temperamental

Esta configuración se centra en las emociones. Van y vienen como las olas del mar y, en momentos de dificultad, te resulta casi imposible contenerlas. Esto significa que puedes ser muy temperamental y que le dejas muy claro a todo el mundo qué sientes en cada momento, tanto para bien como para mal. Cuando estás bien, desprendes calidez, amor y un instinto muy maternal, por lo que tus seres queridos saben lo mucho que los quieres. Cuando las cosas se complican, te encierras en ti mismo y levantas un muro defensivo muy difícil de superar para protegerte de la vulnerabilidad emocional.

La familia es esencial para ti, aunque es posible que la tuya no sea una unidad familiar convencional; por ejemplo: se puede tratar de la familia que has creado junto a tus amigos más íntimos o junto a los animales que cuidas. Sea del tipo que sea, la familia te proporciona la seguridad emocional que tanto anhelas y que tan importante es para ti. El hogar es una parte fundamental de tu vida, porque te ofrece una base segura y un refugio. Si la economía lo permite (y, si puedes, estarás encantado de ahorrar dinero), te gusta la idea de ser propietario de tu vivienda y es posible que incluso seas el primero de tus amigos en comprar un piso o una casa. En el mejor de los casos, tu hogar es un refugio del mundo turbulento y disfrutas haciendo que resulte tan acogedor y cómodo como te sea posible. Idealmente, necesitas compartirlo con alguien o con algo, como una mascota o incluso algunas plantas, porque es vital que puedas satisfacer tu necesidad de cuidar de otros.

Sol en Tauro,
Venus en Cáncer

Anhelas seguridad física y emocional; es crucial que cuentes con una base segura cómoda y estable, a poder ser compartida con tus seres queridos.

Sol en Géminis,
Venus en Cáncer

Profundidad emocional oculta combinada con una gran calidez; una urraca a la que le encanta coleccionar todo tipo de cosas, personas incluidas.

Sol en Cáncer,
Venus en Cáncer

Llevas el corazón en la mano; necesitas que te necesiten y tener gente a quien querer, pero les has de dejar espacio para respirar; contar con un hogar cómodo es imprescindible para ti.

Sol en Leo,
Venus en Cáncer

Afectuoso y expresivo; tienes talento para cuidar de los demás, aunque eso quizás implique también ser algo mandón; necesitas un refugio aislado del mundo.

Sol en Virgo,
Venus en Cáncer

Debes equilibrar la tendencia a ser analítico con la necesidad de expresar emociones; solo revelas las emociones más profundas cuando te parece seguro hacerlo.

Venus natal en Leo

Las personas que tienen a Venus en Leo o que quieren conocer mejor a otra persona con esa configuración en su carta astral descubrirán aquí lo que quieren saber. Recuerda que los planetas trabajan juntos y averigua qué tipo de equipo forman en tu carta astral tu signo de Venus y tu signo solar.

Elemento	Modalidad	Palabras clave
Fuego	Fija	Afectuoso, orgulloso, creativo

Tienes una profunda necesidad de que el resto del mundo se fije en ti y te aprecie. De lo contrario, te sientes ignorado y eso es algo que no puedes soportar. Leo es un signo muy ostentoso, por lo que tu signo de Venus tiene un deseo innato de destacar entre la multitud. Esta es la configuración clásica de las personas que disfrutan de la interpretación, sobre todo si es en el escenario, porque así pueden absorber el aplauso del público como una esponja. Quizás seas la estrella del grupo de teatro local o quizás apuntes aún más alto. Al fin y al cabo, Leo es un signo que no hace las cosas a medias porque, seamos claros, no ser el mejor resultaría humillante.

Cualquier interés que te permita expresar tu verdadera identidad será fantástico y tienes mucho entre lo que elegir gracias a tu don natural para las actividades creativas y artísticas. Busca algo que se te dé muy bien para que puedas disfrutar hasta el último minuto de ello. Una de las áreas en las que destacas instintivamente es la de expresar amor y afecto a las personas importantes en tu vida. Independientemente de cuál sea tu signo solar, necesitas poder expresar tus emociones de la manera que te parezca más adecuada en cada momento. La vida familiar es muy importante para ti y, si tienes hijos, estarás muy orgulloso de ellos, aunque también esperarás que se hagan merecedores de ese orgullo. Dejarás muy claro lo que sientes si crees que no se esfuerzan lo suficiente o te dejan en evidencia de la manera que sea. También te tienes que sentir orgulloso de tu pareja. Al fin y al cabo, tienes una imagen que mantener.

Sol en Géminis,
Venus en Leo

Ingenioso, entretenido y una compañía maravillosa; bulles de ideas y de entusiasmo; puedes ser el centro de atención; un gran don para la amistad y puedes ser muy leal.

Sol en Cáncer,
Venus en Leo

Una persona algo reservada, pero mucho más afectuosa con las personas en quien confías; necesitas sentirte parte del grupo.

Sol en Leo,
Venus en Leo

Dramático, apasionado e imposible de ignorar; puedes ser juguetón y despreocupado, pero nunca pierdes por completo tu dignidad innata

Sol en Virgo,
Venus en Leo

Modesto y preciso en la superficie, pero más relajado y amante de la diversión en privado; te has de soltar la melena de vez en cuando; te enorgulleces de hacer las cosas bien.

Sol en Libra,
Venus en Leo

El amor y el romance son el faro que te guía; eres un imán para los amigos, familiares y amantes que te admiran; el idealismo te puede acabar rompiendo el corazón, pero tu esperanza nunca muere.

Venus natal en Virgo

Este apartado ayudará tanto a quienes tienen a Venus en Virgo como a quienes quieren entender mejor a alguien con esta configuración a averiguar cómo expresan su amor y gestionan las relaciones. Sigue leyendo para descubrir cómo trabaja el equipo planetario de Venus y de tu signo solar.

Elemento	Modalidad	Palabras clave
Tierra	Mutable	Modesto, tímido, cauteloso

Abordas el amor con mucha cautela. Es posible que aún no confíes plenamente en que una relación irá bien o prefieras esperar a ver cómo van las cosas antes de comprometerte. Sean cuales sean los motivos, no forjas relaciones a la ligera y esperas que los demás satisfagan criterios específicos. Virgo es el signo de la higiene y de la pulcritud y quieres que todas las personas que haya en tu vida cumplan unos estándares concretos. Todo el que mantenga el agua y el jabón a distancia pronto se verá a distancia también de ti, porque harás todo lo posible por evitarlo.

Sea cual sea tu signo solar, te gusta crear orden a partir del caos porque te proporciona un propósito y también la sensación de que llevas las riendas de tu vida, aunque sea de un modo modesto. «Modesto» es uno de los adjetivos que mejor describen tu actitud ante las emociones; «tímido» es otro. No te gusta armar jaleo incluso si algo te importa de verdad y las demostraciones efusivas de los demás te producen vergüenza ajena. ¿Cómo se pueden poner en evidencia de esa manera? Crear y mantener la reputación de ser cortés y bien educado es importante para ti, aunque en privado puedes revelar una faceta sorprendentemente atrevida. También eres cuidadoso con el dinero, porque no quieres derrocharlo. Nunca se sabe cuándo necesitarás tirar de esos ahorros que tan cuidadosamente has acumulado para los días de vacas flacas.

Sol en Cáncer,
Venus en Virgo

Emocionalmente reservado; necesidad de ayudar a los demás; orgulloso de tu hogar; disfrutas siendo útil; actitud prudente ante las finanzas.

Sol en Leo,
Venus en Virgo

La contención de Virgo templa la exuberancia de Leo; un buen amigo fiel; disfrutas cuidando de ti mismo.

Sol en Virgo,
Venus en Virgo

Énfasis en la modestia y en la timidez; gusto por hacer las cosas bien; perfeccionista con expectativas muy elevadas.

Sol en Libra,
Venus en Virgo

Inteligente y considerado; encantador, educado y deseoso de causar buena impresión; analítico.

Sol en Escorpio,
Venus en Virgo

Virgo contiene la profunda energía de Escorpio; disfrutas demostrando mucha pasión a la persona adecuada.

Venus natal en Libra

Si has descubierto que tú o alguien próximo a ti tenéis a Venus en Libra, a continuación, encontrarás las características que comparten las personas con esa configuración en su carta astral. Recuerda que los planetas trabajan juntos y averigua el tipo de equipo que forman tu signo de Venus y tu signo solar.

Elemento	Modalidad	Palabras clave
Aire	Cardinal	Elegante, diplomático, considerado

Libra es uno de los dos signos regidos por Venus (el otro es Tauro), por lo que Venus se siente como en casa aquí. Se te han concedido tacto y carisma a espuertas, lo que significa que se te conoce por tu capacidad para llevarte bien con casi cualquier persona a la que conozcas. Es posible que no los soportes, pero no se enterarán de ello. Detestas agitar las aguas o enredarte en discusiones, por lo que a veces buscas la paz a cualquier precio solo porque la vida es mucho más fácil así. Por desgracia, si lo haces durante demasiado tiempo, te arriesgas a dar la impresión de que los demás pueden seguir tomando la iniciativa continuamente, momento en que anteponer a los demás te empezará a frustrar y acabarás estallando, lo que puede provocar, precisamente, la discusión que querías evitar. Libra es conocido por su indecisión y tener a Venus en este signo puede hacer que prefieras decir lo que crees que los demás quieren oír para complacerlos. Es probable que sepas exactamente lo que quieres decir, pero que te preocupe la posibilidad de causar fricciones. Sea como sea, deberías hablar con claridad de vez en cuando.

Anhelas una vida tan cultivada, civilizada y placentera como sea posible y te puede acabar saliendo cara si desarrollas el gusto por lo lujoso. La incomodidad no es para ti, por lo que estás mucho mejor en un hotel de cinco estrellas o en un restaurante de calidad que en una tienda de campaña plantada sobre un terreno fangoso, intentando asar unas salchichas bajo la lluvia torrencial. A veces bajas las expectativas para adaptarte al otro, pero no lo harás dos veces.

Sol en Leo,
Venus en Libra

Amor, risas y lujo; idealista; leal; necesidad
de compañerismo y de sentirte valorado.

Sol en Virgo,
Venus en Libra

Necesidad de otros y de ayudarlos; perfeccionista;
tendencia a criticar a tus seres queridos.

Sol en Libra,
Venus en Libra

Tendencias románticas; enamorado del amor,
lo que puede llevar al desencanto cuando la realidad
hace su aparición.

Sol en Escorpio,
Venus en Libra

El deseo de que te vean como una persona educada y
considerada mantiene a raya tu intensidad emocional.

Sol en Sagitario,
Venus en Libra

Amante de la diversión e inteligente; la necesidad
de compañerismo templa tu independencia instintiva.

Venus natal
en Escorpio

Descubre qué significa nacer con Venus en Escorpio, tanto si se trata de ti como de otra persona. Los planetas no trabajan en solitario, así que estás a punto de descubrir qué clase de equipo forman tu signo de Venus y tu signo solar.

Elemento	Modalidad	Palabras clave
Agua	Fija	Intenso, apasionado, potente

No te tomas el amor a la ligera. Eres leal y apasionado y te dedicas en cuerpo y alma a las relaciones, pero esperas el mismo nivel de compromiso de la otra persona. Si esto no sucede, te sentirás desilusionado, traicionado y, quizás, tan dolido que decidirás renunciar al amor. Si alguien te rompe el corazón, olvidar y perdonar te resultará muy difícil. Esta configuración se asocia a la búsqueda de venganza y es posible que pienses en desquitarte, aunque luego no pases a la acción.

Escorpio es un signo de todo o nada, por lo que tener a Venus aquí otorga una cualidad muy dramática a las relaciones, sobre todo a las que tienen que ver con el sexo o con emociones profundas. En momentos de gran intensidad, tienes dificultades para encontrar el equilibrio emocional y el autocontrol, porque las emociones te abruman. Te ves arrastrado por una tormenta de emociones turbulentas que, con frecuencia, parecen de vida o muerte, por lo que necesitas una pareja que te ayude a mantener los pies en el suelo. El sexo es muy importante para ti, tanto si es porque lo tienes en abundancia o porque has renunciado a él para siempre. Sea como sea, tienes las cosas muy claras en este sentido. Has de tener cuidado con los celos, que pueden asomar su fea cabeza en todo tipo de situaciones y de relaciones y desencadenar el caos.

El dinero es otra de las cosas que te tomas muy en serio. Algunas personas con esta configuración disfrutan del poder y de la capacidad para sentar las normas que otorga el dinero. Otras son generosas y comparten con gusto su dinero y sus posesiones con las personas que les importan.

Sol en Virgo,
Venus en Escorpio

Fuego emocional intenso bajo una apariencia
tranquila; analítico, reflexivo e inquisitivo.

Sol en Libra,
Venus en Escorpio

Necesidad de equilibrar las emociones profundas
y de mantenerlas a raya; carisma y personalidad
considerables.

Sol en Escorpio,
Venus en Escorpio

Muy potente, con reservas emocionales profundas;
te puedes dejar arrastrar por la pasión.

Sol en Sagitario,
Venus en Escorpio

Tu Sol amante de la libertad no siempre encaja
con tu intensidad emocional; leal y filosófico.

Sol en Capricornio,
Venus en Escorpio

Las cuestiones del corazón son muy importantes
para ti; temes que te hagan daño o te rechacen;
necesidad de ser entendido.

Venus natal
en Sagitario

A continuación, descubrirás qué significa nacer con Venus en
Sagitario. Se aplica tanto a ti como a cualquiera con este signo de
Venus. Los planetas no trabajan solos, lo que explica cómo tu signo
de Venus y tu signo Solar encajan o chocan.

Elemento	Modalidad	Palabras clave
Fuego	Mutable	Entusiasta, independiente, amante de la libertad

Eres feliz cuando la vida parece una aventura. Adoras la idea de
explorar experiencias nuevas y oportunidades inéditas, con la
emocionante sensación de no saber con certeza qué te aguarda a la
vuelta de la esquina (aunque esperas que, con suerte, sea divertido).
Con esta actitud tan despreocupada, no es de extrañar que los
demás estén a gusto contigo y disfruten con tu alegre compañía.
Tu sentido del humor, tu sentido lúdico y tu afecto los regocija.
A veces, prometes más de lo que puedes cumplir, quizás porque
rebosas de impulsos generosos que parecen buena idea en el
momento, pero de los que te olvidas rápidamente porque aparece
otra cosa en la que pensar. A pesar de todo, la gente que hay en tu
vida te lo perdona, porque estar contigo es divertidísimo.
   Sagitario es el signo del filósofo y disfrutas aprendiendo acerca
de toda suerte de filosofías y creencias. A veces, descubres una
idea que prende tu fértil imaginación o que, sencillamente, encaja
contigo y se convierte en una brújula que te guía en la vida. Incluso
si no tienes una fe personal profunda, mantienes opiniones y
convicciones sólidas y de las que te encanta hablar con quienquiera
que te quiera escuchar. Sin embargo, deberías contenerte y evitar
intentar convertir a los demás para que adopten tu visión del
mundo: recuerda que cada uno tiene derecho a sus opiniones. Eres
generoso con el dinero y te gusta gastarlo en ti mismo y en tus
seres queridos, sobre todo si se trata de comprar libros o artefactos
interesantes o de reservar tu próximo viaje de exploración.

Sol en Libra,
Venus en Sagitario

Encantador y cortés; interesante; entusiasta;
interesado en la vida; inteligente.

Sol en Escorpio,
Venus en Sagitario

El optimismo de Sagitario da chispa a la intensidad
de Escorpio; la vida ha de tener un propósito.

Sol en Sagitario,
Venus en Sagitario

Despreocupado; actitud positiva; sentido del humor
sano; interesado en los viajes y en las ideas.

Sol en Capricornio,
Venus en Sagitario

Combinación de pesimismo y optimismo; eterno amor
por el aprendizaje; la experiencia aporta sabiduría.

Sol en Acuario,
Venus en Sagitario

Fascinado por las ideas y las distintas filosofías;
independiente; un espíritu libre.

Venus natal en Capricornio

Tener a Venus en Capricornio da lugar a características concretas y estas a punto de descubrir cuáles son. Puedes usar esta información para descubrir cómo el Sol y Venus colaboran para hacer de ti, o de algún ser querido, la persona que eres.

Elemento	Modalidad	Palabras clave
Tierra	Cardinal	Sosegado, reservado, respetable

Te tomas el amor muy en serio. Lo abordas con precaución y te preocupa la posibilidad de que te hagan daño o te rechacen. También te angustia la posibilidad de que las cosas no salgan como quieres y puedas acabar con el corazón roto. Que te quieran es fantástico, pero también necesitas que te respeten. No quieres que te traten como a un correveidile o un recadero y, si sospechas que se están aprovechando de ti, lo dejas muy claro.

Algo que has de tener en cuenta, porque te puede hacer muy desgraciado, es la tendencia al pesimismo en lo que se refiere a las relaciones. Si una historia de amor te ha salido mal en el pasado, es posible que pienses que esta acabará igual, aunque ahora todo sea absolutamente maravilloso. También puede haber dificultades si te muestras tan reservado en lo emocional que te cuesta expresar lo que sientes, ya que el otro puede confundir tu timidez con desinterés. Por el contrario, es posible que dejes estupefacta a tu pareja cuando descubra que la imagen encorsetada que ofreces al mundo es solo apariencia y que en privado eres desinhibido y, quizás, incluso, escandaloso.

Con frecuencia, hay una diferencia de edad entre tú y tu pareja, sobre todo si tu pareja es la mayor. Tú no percibes la diferencia de edad y es posible que incluso disfrutes dejándote cuidar por alguien más mayor o sabio que tú. En casos extremos, es posible que tengas la tentación de salir con alguien solo por lo que te puede ofrecer en el plano material, profesional o social.

Sol en Escorpio,
Venus en Capricornio

Reserva emocional; las apariencias engañan;
emociones potentes mantenidas estrictamente a raya.

Sol en Sagitario,
Venus en Capricornio

Apariencia externa relajada, pero inseguro y cauto en
lo emocional; el optimismo se enfrenta al pesimismo.

Sol en Capricornio,
Venus en Capricornio

Emociones mantenidas a raya; énfasis en la buena
reputación y en una imagen pública sólida.

Sol en Acuario,
Venus en Capricornio

Te puedes mostrar frío y emocionalmente distante
cuando te sientes inseguro; énfasis en la lógica.

Sol en Piscis,
Venus en Capricornio

El sentido común de Capricornio templa la
sensibilidad excesiva de Piscis; leal y firme.

Venus natal en Acuario

Ya sea para ti o en relación con la carta astral de otra persona, aquí tienes lo que significa tener a Venus en Acuario. Esta es la sección donde descubrirás cómo encajan tu signo de Venus y tu signo solar… y en qué no se ponen de acuerdo.

Elemento	Modalidad	Palabras clave
Aire	Fija	Amistoso, independiente, altruista

Te gusta mantener las distancias en todo lo que se refiere al amor, la amistad y las relaciones. No es que no seas sensible, sino que necesitas mantener cierta distancia entre tú y el resto del mundo, y la atmósfera se vuelve asfixiante rápidamente cuando es demasiado intensa o tiene mucha carga emocional. Los arrebatos regulares de celos, posesividad o control por parte de otros hacen que salgas corriendo en la dirección opuesta y a tanta velocidad como te sea posible. No soportas la idea de que te aten ni te posean del modo que sea y tampoco llevas demasiado bien que te digan lo que has de hacer. Si eres feliz con alguien, descubrirá lo leal y digno de confianza que puedes llegar a ser. También es posible que descubra lo obstinado que eres en ocasiones, cuando te enrocas y no cedes ni una coma y, entonces, de repente cambias de opinión por completo acerca de lo que sea. La idea de cambio te asusta, aunque a veces te encanta la idea de ponerlo todo patas arriba y ver qué pasa. No cabe duda de que eres un conjunto de contradicciones, lo que hace que uno nunca puede estar seguro de con qué se va a encontrar contigo. La cuestión es que te encanta demostrar que eres una persona con idiosincrasia propia.

Eres un amigo maravilloso y disfrutas conociendo a los demás, independientemente de su estatus social, ideas políticas o grupo étnico. Lo que te importa es conocer cómo entienden la vida y su capacidad para mantener una conversación inteligente. Todo lo demás carece de importancia.

Sol en Sagitario,
Venus en Acuario

Énfasis en la libertad, la independencia y el
individualismo; ofreces aliento y comprensión.

Sol en Capricornio,
Venus en Acuario

Necesidad de cierta distancia emocional;
frío, contenido y civilizado.

Sol en Acuario,
Venus en Acuario

Muy amistoso y en búsqueda de personas parecidas
a ti; con frecuencia, a cierta distancia emocional.

Sol en Piscis,
Venus en Acuario

Considerado, amable y compasivo; carismático;
idealista, pero te decepcionas y te sientes herido
con facilidad.

Sol en Aries,
Venus en Acuario

Esperas mucho de los demás; amante de la diversión
e independiente; te gusta ser un pionero inspirador.

Venus natal en Piscis

¿Qué significa haber nacido con Venus en Piscis, ya se trate de ti o de algún ser querido? Estás a punto de descubrirlo. Los planetas no funcionan de forma aislada, así que aquí averiguarás qué tipo de equipo forman tu signo de Venus y tu signo solar.

Elemento	Modalidad	Palabras clave
Agua	Mutable	Sensible, escapista, romántico

Sin lugar a dudas, ves la vida de color de rosa en lo que se refiere al amor y al romance. Anhelas una pasión arrebatadora, conocer a tu verdadero amor, escapar juntos a vuestro mundo particular y vivir felices para siempre. Cuando la vida real empiece a interferir con esta visión hollywoodiense o descubras que tu amado tiene tantos defectos como el resto de los mortales, es posible que te quedes desconcertado y profundamente decepcionado. Incluso es posible que te sientas traicionado por esa persona a la que creías perfecta. ¡No tenía que ser así! Si las cosas van mal de verdad y te rompen el corazón (algo que puede suceder con mucha más frecuencia de la que te gustaría), evita la tendencia a verte como una víctima, un mártir o alguien que lo ha sacrificado todo por amor. Con esta actitud, solo conseguirás aumentar las probabilidades de atraer a personas que se aprovecharán de ti o te tratarán mal. Te será mucho más útil aprender a instaurar límites emocionales sólidos, de modo que no te sientas obligado a rescatar a todos los pajarillos heridos que te encuentres o a emparejarte con alguien solo porque te da pena.

Valoras muchísimo el arte y la música, tanto si el creativo eres tú como si disfrutas de las obras de otros. Sea como sea, te ayuda a sanar tus emociones más sensibles y a recargar tu batería emocional, porque, de otro modo, la vida te puede dejar agotado y aplastado.

Sol en Capricornio,
Venus en Piscis

Tu imagen seria y disciplinada oculta una gran
sensibilidad; miedo a que te hagan daño o te rechacen.

Sol en Acuario,
Venus en Piscis

Muy amable y considerado; las misteriosas emociones
de Piscis desconciertan con frecuencia al racional
Acuario.

Sol en Piscis,
Venus en Piscis

Hipersensible y vulnerable; necesidad de reforzar las
defensas emocionales; místico y escapista.

Sol en Aries,
Venus en Piscis

Idealista y romántico; esperas lo mejor de todo
el mundo; puedes estar siempre a la caza
de la siguiente gran relación.

Sol en Tauro,
Venus en Piscis

La estabilidad de Tauro equilibra las emociones
de Piscis; amable, afectuoso y fiel.

Venus y las casas

Además de caer en alguno de los doce signos del zodíaco, tu Venus natal también ocupa una de las doce casas de tu carta astral. Cada casa rige una faceta de la vida, como el hogar o las amistades. La casa que ocupe tu Venus natal describirá el área de tu vida por la que tu Venus siente más afinidad. También has de tener en cuenta el signo de tu Venus natal, porque tanto puede ser compatible con la casa que ocupa como no serlo.

Si tienes una idea aproximada de la hora en que naciste, puedes consultar tu carta (en la p. 174 verás cómo conseguirla) para averiguar qué casa ocupa tu Venus. A continuación, descubrirás qué significa.

Venus en la casa I: personalidad

Te valoras mucho a ti mismo: tener un aspecto agradable, la imagen atractiva que creas y cómo te gusta pasar el tiempo. Tu encanto natural y tu actitud considerada te ganan muchos amigos y tienes una agenda llena que lo demuestra. Has de tener cuidado y no conceder tanta importancia al aspecto de las cosas (y de las personas) como para acabar juzgándolas por ello. Excluir a todos y a todo lo que no sea perfecto significa que te pierdes muchas cosas.

Venus en la casa II: finanzas

El dinero, la riqueza y las posesiones significan mucho para ti. Saber que tienes suficientes cosas materiales en la vida te proporciona la seguridad emocional que tanto necesitas. Disfrutas gastando dinero en objetos bonitos y el signo que ocupe tu Venus te dirá si te gusta derrochar o si cuentas hasta el último céntimo. Es un área maravillosamente sensual y lujosa para tu Venus, así que también le das mucha importancia a tu vida sexual. Romper con alguien te resulta especialmente difícil, porque no te gusta el cambio.

Venus en la casa III: comunicación

¡Te encanta conversar! Por supuesto, te ayuda mucho ser un comunicador nato y que las palabras se te den tan bien. Tienes tacto y sabes cómo decir cosas difíciles sin ofender al otro. Es muy probable que seas un vecino popular que disfruta manteniendo el contacto con las personas que viven cerca de ti, además de con tus hermanos y amigos. Te gustan los viajes cortos e ir de compras. No te puedes resistir a comprar todo lo que te ayude a mantenerte en contacto con el mundo, como el último móvil o portátil, sobre todo si acaba de salir al mercado. Los libros, las revistas, los *podcasts*, las aplicaciones, las descargas y los artilugios ingeniosos también te atraen mucho.

Venus en la casa IV: hogar

La frase «hogar dulce hogar» te define y tu casa es también tu refugio emocional. Si tu familia, o las personas a las que consideres tu familia, también están allí, muchísimo mejor. Anhelas profundamente estar cerca de las personas que te importan y estarás en tu elemento si puedes cocinar para ellas o cuidarlas de la manera que sea. También puedes ser un gran decorador de interiores, especializado en encontrar muebles y objetos de decoración bonitos y cómodos, sobre todo si tienen el encanto de lo antiguo.

Venus en la casa V: creatividad

Esta es la posición más creativa para Venus. Demuestra que eres artístico y que disfrutas expresando tus múltiples talentos; es más, tienes al planeta del amor en la casa del amor, así que sintonizas de forma natural con todo lo relacionado con las cuestiones del corazón. Necesitas a otras personas en tu vida, pero han de ser personas que te importen de verdad. Ellas también valoran tenerte cerca y es muy probable que seas muy popular y que todos te busquen. Los niños son especialmente importantes para ti.

Venus en la casa VI: trabajo y salud

Tu vida laboral y tu vida social están intrínsecamente relacionadas. Quizás hayas conocido a tu pareja en el trabajo o a través de un colega, o quizás tus mejores amigos sean también tus compañeros de trabajo. Es posible que también conozcas a amigos o a parejas como resultado de cuestiones asociadas a la salud. Tienes el fantástico don de llevarte bien con las personas con quienes trabajas y es posible que también disfrutes cuidando de ellas y ofreciéndoles consejos de vez en cuando. Vigila tu alimentación, porque es posible que la comida pesada no te siente bien y te ponga de mal humor.

Venus en la casa VII: relaciones

Las relaciones lo son todo para ti y, sin ellas, te marchitas cual flor sin agua. Por suerte, tienes muchos buenos amigos y admiradores a los que atraes con tu encanto y con tus buenos modales, por lo que es muy poco probable que estés solo durante demasiado tiempo. Prefieres una relación estable a una sucesión de aventuras intrascendentes. Tener a Venus en esta casa te hace popular, pero también significa que puedes tener dificultades para expresar tus necesidades porque no quieres molestar a nadie. Incluso si hieren tus sentimientos, prefieres no herir los de ellos.

Venus en la casa VIII: emociones intensas

La intensidad de tus emociones puede sorprender a los demás si otras áreas de tu carta astral son más relajadas. En esta casa, Venus anhela encontrar un sentido emocional profundo y conectar de verdad con los demás. Esto se aplica tanto a las amistades y a las relaciones familiares como a las relaciones de pareja, lo que quiere decir que no te las tomas a la ligera. Quizás haya cierto elemento de posesividad o de celos en las relaciones y es probable que el sexo sea una parte fundamental de tu vida.

Venus en la casa IX: aprendizaje

Amas la vida y anhelas vivir aventuras. Viajar, ya sea mental o físicamente, te hace feliz. Adoras visitar lugares nuevos y descubrir ideas y filosofías interesantes. Es posible que tus amigos y tu pareja tengan orígenes o culturas distintos a los tuyos o sean de otro país. Tu amor por el aprendizaje es eterno y adoras sumergirte en libros. Es muy probable que tengas un sistema de creencias sólido que te hace de brújula y que esperas que tu pareja comparta contigo.

Venus en la casa X: estatus

Venus en esta casa sugiere que tienes amigos en las altas esferas. Podrían estar muy bien conectados y ser influyentes o incluso famosos, algo que te encanta. Tienes el don de relacionarte con las personas adecuadas y tu agenda es la envidia de todos. Es posible que tengas una carrera profesional de éxito que te permite expresar tu talento artístico o quizás adquieras la reputación de ser una persona fantástica con la que trabajar. Te tomas el amor muy en serio y es posible que te atraigan personas bastante más mayores o influyentes que tú.

Venus en la casa XI: amistad

Los amigos son esenciales. No te imaginas la vida sin ellos y a muchos los conoces desde la infancia. Eres leal y considerado con ellos y valoras mucho su compañía. Es posible que tu pareja empezara siendo tu amiga o quizás conocieras a tu media naranja mediante amigos comunes o a través de una de tus aficiones preferidas. Este énfasis en las amistades significa que tus parejas estables han de ser también amigas de tus amigos y no ponerse celosas si decides pasar mucho tiempo con ellos.

Venus en la casa XII: espiritualidad

En general, prefieres guardarte tus emociones para ti, quizás porque son íntimas o porque te preocupa cómo las puedan percibir los demás. Es una posición muy sensible para Venus y lleva a que seas vulnerable emocionalmente hablando y a que hacerte daño sea muy fácil. Tienes grandes reservas para la compasión y la empatía y te resulta especialmente fácil sintonizar con el sufrimiento de los demás, quizás porque sabes demasiado bien lo que se siente. Eres un romántico y un idealista nato, por lo que te decepcionas cuando la cruda luz del día irrumpe en tus sueños.

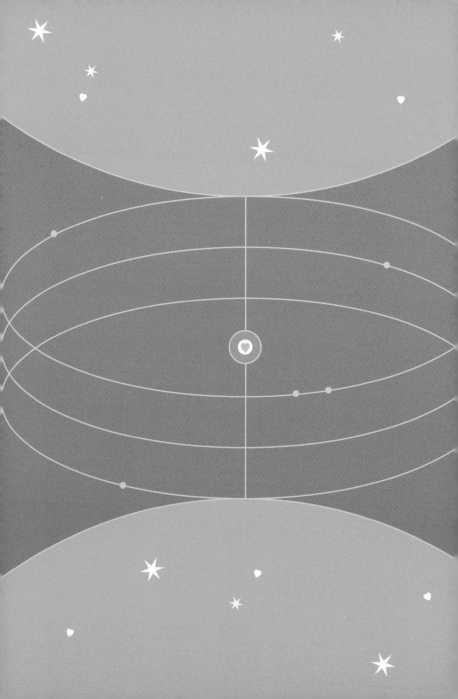

Cuarta parte

La astrología de Marte

Ahora, examinaremos el papel que desempeña Marte en tu carta astral. Este planeta rige los impulsos y el deseo, así que lo has de tener en cuenta cuando reflexiones acerca de cómo reaccionas ante algunas de las personas que pueblan tu vida. Marte representa lo que nos excita y lo que enciende nuestra vida sexual, por lo que el signo que Marte ocupaba cuando naciste describe cómo buscas lo que quieres en el amor y en el resto de tu vida.

Marte nos enciende en más de un sentido, porque también es el planeta que activa nuestro instinto de lucha y nos enfurece. Lee acerca de tu signo de Marte y de cómo se combina con tu signo solar, además de acerca de la posición que Marte ocupa en algunas de las personas en tu vida.

♂ ¿Qué representa Marte en la astrología?

¡Acción! Marte no es un planeta al que le guste esperar sentado mano sobre mano. Quiere ponerse a trabajar, estar ocupado y motivado, avanzar. Es el trafagón del sistema solar, el planeta que tira de nosotros y que se enoja cuando no somos todo lo rápidos que se espera que seamos. También es el planeta que rige la atracción y la gratificación sexual, por lo que es clave en las relaciones.

Todos tenemos a Marte en algún lugar de nuestras relaciones y el signo que ocupe revela mucha información acerca de cómo buscamos lo que queremos en la vida. ¿Qué hay de tu Marte? ¿Lanzas un ataque frontal sin apenas preparación o lo demoras y compruebas todos los detalles antes de dar un primer paso? ¿O acaso pides opinión a alguien porque no estás muy seguro de lo que haces? Aunque esto se aplica a todas las áreas de la vida, en este libro nos centraremos en cómo Marte afecta a tu capacidad para llevarte bien con los demás.

Impulsos y deseos

Es posible que el símbolo de Marte te resulte familiar incluso si esta es tu primera incursión en la astrología, porque el de Marte es también el símbolo del sexo masculino. Esto es una señal muy clara de cómo actúa Marte en las relaciones. Es el planeta que rige los impulsos y los deseos, la pasión, las necesidades y los anhelos y cómo los satisfacemos todos. Cuando no los podemos satisfacer por el motivo que sea, lo más habitual es que mostremos otra de las facetas clásicas de Marte: la frustración y la ira. Nos guste o no, estas emociones aparecen antes o después en casi todas las relaciones. Cuando se lo provoca lo suficiente, Marte golpea la mesa con el puño o se lanza a una discusión tan ruidosa que el yeso sigue cayendo del techo horas después.

No es de extrañar que, con frecuencia, se considere a Marte el equivalente planetario del invitado maleducado y agresivo en la fiesta astrológica. Mientras que Venus, su enamorada, se mira en el espejo para comprobar que tiene buen aspecto antes de iniciar una conversación, Marte se cuadra, escanea la sala con la mirada, identifica a sus posibles presas y se dirige directamente hacia quien sea que le haya llamado la atención.

La emoción de la caza

Marte adora dar caza a sus presas, ya se trate de una afición, de su carrera profesional o de su próxima pareja, pero todo ello puede afectar a las relaciones. Por ejemplo, si alguien tiene a Marte en un signo motivado por la ambición, sus relaciones se verán claramente afectadas. Del mismo modo, la relación sufrirá si uno de sus miembros está en una búsqueda constante de la siguiente pareja sexual y desatiende a sus seres queridos en casa. A veces, la emoción de la caza es mucho más excitante que conseguir lo que queremos, porque eso supone el fin de la diversión. ¿Qué podemos hacer si no embarcarnos en una nueva búsqueda que nos permita recuperar la emoción y la adrenalina? ¿Te ves reflejado en estas palabras? Todo depende de qué signo ocupe Marte en tu carta astral, así que sigue leyendo.

Marte natal en Aries

¿Cómo se comporta Marte en Aries? A continuación, encontrarás información vital, ya seas tú quien presenta esta configuración, ya se trate de alguien a quien conoces. En esta sección, descubrirás cómo Marte se conecta con tu signo solar o con el de alguien en tu vida.

Elemento	Modalidad	Palabras clave
Fuego	Cardinal	Rápido, impaciente, urgente

«¡Lo quiero todo y lo quiero ya!» Esta es la esencia de Marte en Aries. No quiere ser paciente y esperar. ¿Quién tiene tiempo para eso? Tienes cosas que hacer, lugares a los que ir y personas a las que conocer. No quieres perder el tiempo, quieres la gratificación inmediata y cuanto más inmediata sea, mejor. Esto te puede llevar a tomar decisiones precipitadas y a lanzarte a conductas imprudentes, por lo que es inevitable que cometas algún error por el camino. ¿Aprendes de tus errores? ¡No siempre! A veces tienes tanta prisa por pasar a la siguiente actividad que no prestas demasiada atención a lo que acaba de suceder.

Marte es el regente planetario de Aries, por lo que esta configuración te aporta una dosis doble de energía marciana. No hace falta mucho para despertar tu impaciencia y tu mal humor, aunque la llama de tu ira acostumbra a apagarse con la misma rapidez con que se prende. La vida es demasiado corta para guardar rencor y, además, te encanta la fase de reconciliación que sigue a las discusiones.

Cuando se trata de relaciones, eres ardiente y honesto. No puedes evitar demostrar lo que sientes, por lo que, en lo que a los demás se refiere, lo que ven es lo que hay. No finges, pero eso te puede causar problemas si no eliges tus palabras con el cuidado suficiente. Aries puede ser un signo muy egocéntrico y eso es algo que has de tener en cuenta. Una cosa es tener una identidad clara y otra muy distinta es esperar que tus deseos y exigencias vayan siempre por delante de los demás.

Sol en Aries,
Marte en Aries

Activo; impaciente; con tendencia a las rabietas; dinámico; atrevido; tomas la iniciativa; apasionado; sexi.

Sol en Tauro, Marte en Aries

Una combinación de la estabilidad de Tauro y la premura de Aries; necesitas tener un propósito; leal y afectuoso.

Sol en Géminis, Marte en Aries

Vivaz; gregario; inquisitivo; positivo; deseas una relación estimulante; te aburres con facilidad.

Sol en Cáncer, Marte en Aries

Motivado; afectuoso; protector con tus seres queridos; es fácil herir tus sentimientos.

Sol en Leo,
Marte en Aries

Efusivo; sociable; amante de la diversión; competitivo; lleno de pasión y de dramatismo; afectuoso y romántico.

Sol en Virgo,
Marte en Aries

La cautela de Virgo choca con la urgencia de Aries; desinhibición sexual en las circunstancias adecuadas.

Sol en Libra,
Marte en Aries

Una gran necesidad de compañerismo se contrapone al deseo de independencia; romántico; idealista.

Sol en Escorpio,
Marte en Aries

Emociones potentes e intensas que se pueden ocultar; el sexo y la ira pueden ir de la mano.

Sol en Sagitario,
Marte en Aries

Despreocupado, amante de la libertad; detestas que te limiten emocionalmente; aventurero.

Sol en Capricornio,
Marte en Aries

Trabajador, competitivo; deseo de avanzar, incluso a expensas de la relación.

Sol en Acuario,
Marte en Aries

Original, peculiar; idealista; quieres llevar las riendas emocionales; decidido.

Sol en Piscis, Marte en Aries

Sensible, amable; deseas variedad sexual y emocional; tu pareja ha de ser imaginativa.

Marte natal en Tauro

¿Qué significa que tu Marte natal esté en Tauro y cómo se relaciona eso con tu signo solar o con el del resto de personas en tu vida?

Elemento	Modalidad	Palabras clave
Tierra	Fija	Estable, práctico, posesivo

Esta combinación es peculiar, porque Marte es acción pura, mientras que Tauro se quiere tomar su tiempo. ¿Cómo encajan estos dos temperamentos tan distintos? Quizás seas muy prudente acerca de qué haces y de cómo lo haces y te niegues a que te metan prisa. Llegarás cuando tengas que llegar, muchas gracias, y si algún insensato intenta achucharte no tardará en toparse con la actitud obstinada que caracteriza a Tauro. Tienes una habilidad extraordinaria para plantar firmemente los pies en el suelo y negarte a moverte ni un ápice. Cuanto más intente alguien hacerte cambiar de opinión, más te resistirás, hasta que acabes por perder la paciencia.

La actitud práctica que adoptas ante la vida es uno de tus mayores dones. Eres una persona ideal con la que contar en situaciones de crisis, porque permaneces sereno y pragmático y se puede confiar en ti. Sí, es posible que estés hecho un flan por dentro, pero esa no es la impresión que tienen los demás a no ser que puedan leer las señales.

Para ti es muy importante salir adelante por ti mismo y no depender de la caridad de los demás, por lo que eres un trabajador dispuesto e industrioso. Tauro tiene una conexión muy potente con las finanzas y es posible que disfrutes de ganar dinero por lo que te permite comprar para ti y para tus seres queridos. Es posible incluso que quieras ser el único sustento de la familia, porque crees que te corresponde a ti proveer para todos. A veces, esto te puede llevar a adoptar una actitud posesiva hacia tus seres queridos y, en el peor de los casos, puede ser casi como si los hubieras comprado, por lo que ahora te pertenecen. ¡No es de extrañar que esto pueda ser causa de fricción!

Sol en Aries, Marte en Tauro

El autocontrol de Tauro templa la impaciencia de Aries; fuerte impulso sexual; cariñoso y afectuoso.

Sol en Tauro, Marte en Tauro

Sensual, apasionado, sexi; puedes ser obstinado e intransigente; has de evitar la posesividad.

Sol en Géminis, Marte en Tauro

La inquietud de Géminis choca con la estabilidad de Tauro; en el mejor de los casos, es fantástico porque ayuda a Géminis a mantener los pies en el suelo.

Sol en Cáncer, Marte en Tauro

Fuerte deseo de seguridad emocional y material; la casa está donde está el corazón.

Sol en Leo, Marte en Tauro

Orgulloso, leal pero obstinado; decidido; orientado a la familia y a la tradición; sexi y romántico.

Sol en Virgo, Marte en Tauro

Centrado, práctico, metódico; el letargo de Tauro puede ralentizar la diligencia de Virgo; afectuoso y amable.

Sol en Libra, Marte en Tauro

El refinado Libra templa al terrenal Tauro; muy sensual en las circunstancias adecuadas.

Sol en Escorpio, Marte en Tauro

Gran potencia emocional; reacciones ocultas que se expresan gradualmente; potencial para los celos y la posesividad.

Sol en Sagitario, Marte en Tauro

Necesitas espacio y amplitud para respirar, pero también mantener el *statu quo*; inspirado por causas y pasiones.

Sol en Capricornio, Marte en Tauro

Respetas las convenciones porque deseas causar buena impresión; muy trabajador; materialista.

Sol en Acuario, Marte en Tauro

La independencia de Acuario y la dependencia de Tauro dan lugar a una combinación peculiar; capacidad para ser indeciblemente obstinado.

Sol en Piscis, Marte en Tauro

Romántico y afectuoso; el pragmatismo de Tauro tanto puede equilibrar como ahogar el escapismo y la melancolía de Piscis.

Marte natal en Géminis

¿Cómo se comporta Marte cuando cae en Géminis? ¿Cómo afecta eso a tus relaciones? O quizás intentes averiguar cómo es un amigo o un ser querido. A continuación, encontrarás información clave acerca de cómo este Marte conecta con tu signo solar o con el de alguien en tu vida.

Elemento	Modalidad	Palabras clave
Aire	Mutable	Variedad, comunicación ingeniosa, versatilidad

No cabe duda de que las palabras se te dan bien. Las usas para avanzar en el mundo, ya sea en el trabajo o en conversaciones inteligentes con las que anonadar con tu discurso a tus amigos y familiares. Marte es un planeta competitivo y a ti te gusta competir con los demás mediante la conversación, sobre todo cuando se trata de demostrar tu inteligencia o de ganar discusiones. Eso sí, intenta controlar el sarcasmo. Es posible que esta competición verbal empezara a una edad muy temprana, con conversaciones en familia que afinaron tus habilidades mentales y te enseñaron a defender tus posiciones, sobre todo ante tus hermanos y hermanas. ¡Bien podrías ser el inventor de la rivalidad entre hermanos!

La inquietud de Géminis te lleva a intentar estar en movimiento tanto como te sea posible. Una vida que no te ofrece variedad y cambio en abundancia te aburre. Coches, motos, bicicletas y paseos a paso vivo... te gustan, porque necesitas poder desplazarte sin depender de nadie cuando sea necesario y, con frecuencia, como resultado de un impulso. Aunque te gusta viajar en compañía, detestas tener que esperar a que los demás acaben de hacer las maletas. ¡Menuda pérdida de tiempo! Disfrutas del tiempo a solas, pero lo has de equilibrar con tiempo junto a personas que vayan en tu misma línea. Si vives solo, disfrutas manteniendo el contacto con el resto del mundo ya sea mediante el móvil o el ordenador y es posible que participes en debates apasionados, si no agresivos, en las redes sociales.

Sol en Aries, Marte en Géminis

Vital, inquisitivo; gran motivación intrínseca, aunque puedes perder el interés; te encanta la velocidad, como los coches o las motos veloces.

Sol en Tauro, Marte en Géminis

La agilidad mental de Géminis activa al estable Tauro; atrapado entre la seguridad de lo antiguo y la atracción de lo nuevo.

Sol en Géminis, Marte en Géminis

Chisposo; versátil; inteligente; conversador ingenioso; te aburres con facilidad y necesitas estimulación mental.

Sol en Cáncer, Marte en Géminis

La vida doméstica es importante para ti, aunque no siempre es pacífica; quieres una base doméstica estable, pero con cierta independencia.

Sol en Leo, Marte en Géminis

Compañero entretenido; rebosas de pasiones que pueden ser pasajeras; te encanta brillar en un grupo.

Sol en Virgo, Marte en Géminis

Inteligente; la atención al detalle te puede provocar ansiedad; mucha energía nerviosa que necesita desahogos positivos.

Sol en Libra, Marte en Géminis

Cautivador, elocuente; el tacto de Libra compensa el sarcasmo de Géminis; tu pareja ha de tener cerebro e ingenio.

Sol en Escorpio, Marte en Géminis

Las profundas emociones de Escorpio se ignoran o son objeto de burla; formidable oponente en discusiones.

Sol en Sagitario, Marte en Géminis

Te encanta viajar y ser un espíritu libre; disfrutas compartiendo tus ideas y puntos de vista; cautivador y divertido.

Sol en Capricornio, Marte en Géminis

Brillante, inteligente; sentido del humor ácido; la chispa de Géminis anima la seriedad de Capricornio.

Sol en Acuario, Marte en Géminis

Inteligente; no toleras las tonterías; los amigos y las parejas han de ser tus pares intelectualmente hablando; puedes tener opiniones fuertes.

Sol en Piscis, Marte en Géminis

Mudable; tienes muchos intereses, pero quizás no profundices en ninguno de ellos; afectuoso, pero no siempre fiel.

Marte natal en Cáncer

Este apartado te explicará cómo se comporta Marte en Cáncer, una información vital que te ayudará en las relaciones, ya seas tú quien presenta esta configuración, ya se trate de alguien a quien conoces.

Elemento	Modalidad	Palabras clave
Agua	Cardinal	Defensivo, fiel, tenaz

La clave para entender tu signo de Marte es compararlo con un cangrejo. Ahí está, arrebujado cómodamente bajo su roca preferida en el fondo del mar y, preferiblemente, junto al resto de su familia. Solo se aventura a salir para buscar comida y, en cualquier caso, vuelve a toda velocidad. Al fin y al cabo, el cangrejo necesita sentirse a salvo, porque ese caparazón protege de los depredadores a la carne tan suculenta que oculta. Cuando se asusta o se siente amenazado, el cangrejo blande las pinzas amenazadoramente hasta que el problema desaparece, si es que no se bate en duelo. Esta conducta es característica de Marte en Cáncer: te gusta sentirte cómodo y protegido y necesitas un refugio donde ponerte a salvo del resto del mundo. Cuando te sientes amenazado, te puedes poner a la defensiva y de mal humor o pasar a la ofensiva y atacar con todas tus fuerzas.

Es posible que, en ocasiones, muestres una personalidad rígida o agresiva, como el caparazón del cangrejo, pero es solo para protegerte. Tienes miedo a que te hagan daño o te decepcionen, por lo que, a veces, lo compensas mostrándote descortés o encerrándote en ti mismo. Sin embargo, cuando alguien consigue ganarse tu confianza, descubre a la persona cálida, afectuosa, considerada y amable que eres en realidad. Lo cierto es que los demás son imprescindibles para tu felicidad, sobre todo cuando se trata de tus seres queridos. Disfrutar de una vida familiar feliz es importante para ti, tanto si se trata de familiares de sangre como de amigos a los que has adoptado como familia. Soportarías carros y carretas por ellos, pero, eso sí, esperas el mismo compromiso a cambio y te sientes profundamente traicionado cuando no lo recibes.

Sol en Aries, Marte en Cáncer

Motivado, decidido; puedes ser malhumorado e irritable; cálido, expansivo y afectuoso.

Sol en Tauro, Marte en Cáncer

Quieres una vida familiar estable y feliz; afectuoso y de confianza; puedes ser posesivo y aferrarte.

Sol en Géminis, Marte en Cáncer

Inteligente e ingenioso, con bondad y compasión subyacentes; tu pareja también ha de ser un buen amigo.

Sol en Cáncer, Marte en Cáncer

Deseo intenso de una vida doméstica estable; eres tenaz en las relaciones y, a veces, sutilmente dependiente.

Sol en Leo, Marte en Cáncer

Proteges a tus seres queridos y los defiendes hasta el final; cariñoso y abiertamente afectuoso; puede ser exigente en el plano emocional.

Sol en Virgo, Marte en Cáncer

Práctico y organizado, sobre todo en casa; la reserva y la cautela iniciales dan paso a la calidez y al instinto de protección.

Sol en Libra, Marte en Cáncer

Cortés y considerado; la incomodidad de Libra ante las emociones intensas choca con el deseo de Cáncer de demostrar un amor profundo.

Sol en Escorpio, Marte en Cáncer

Emociones potentes y profundas que, con frecuencia, permanecen ocultas; muy emocional y, en ocasiones, temperamental.

Sol en Sagitario, Marte en Cáncer

En el mejor de los casos, capacidad para expresar el deseo de movimiento de Sagitario al tiempo que se respeta la necesidad de Cáncer de una base doméstica segura.

Sol en Capricornio, Marte en Cáncer

Te esfuerzas para crear y mantener un hogar estable; la ambición puede chocar con la domesticidad; miedo al rechazo emocional.

Sol en Acuario, Marte en Cáncer

Personalidad desapegada y racional oculta tras profundas reservas emocionales; deseo de cuidar de los amigos además de la familia.

Sol en Piscis, Marte en Cáncer

Muy sensible e intuitivo; empático y compasivo; te puedes dejar arrastrar por grandes dramas emocionales.

Marte natal en Leo

¿Cómo se comporta Marte cuando está en el signo de Leo? A continuación, encontrarás información crucial, tanto si eres tú quien presenta esta configuración como si se trata de algún conocido. Descubre cómo se relaciona este Marte con tu signo solar o con el de alguien en tu vida.

Elemento	Modalidad	Palabras clave
Fuego	Fija	Potente, amante del placer, sociable

Se trata de una posición muy señorial y majestuosa para Marte, sobre todo si tienes más planetas en Leo. Posees un orgullo innato y una idea muy clara de lo que vales, lo que se refleja en casi todo lo que haces. Las actividades creativas son especialmente valiosas para ti, porque te dan la posibilidad de expresarte usando la imaginación, sobre todo si crees que algunas de tus emociones no son agradables o no te dejan en demasiado buen lugar. ¿Y si las canalizas en una creación artística?

Estar rodeado de gente es esencial para tu felicidad, siempre que se trate de personas que te importan, claro está. Si no es así, no tienes paciencia para nadie. Necesitas una unidad familiar o un grupo de amigos sólido en el que puedas confiar y que no te deje tirado. También le pueden dar un masaje a tu ego cuando esté magullado, porque, aunque das la impresión de no necesitar a nadie, eres mucho más sensible de lo que te gusta admitir y las ofensas y las palabras duras te hacen daño. Es posible que sigan resonando mucho después de que todos los demás implicados hayan olvidado lo sucedido.

Todos los planetas en Leo quieren ser vistos, por lo que es inevitable que presentes cierto grado de egocentrismo. Sin embargo, contén la tendencia a centrarte tanto en tu propia vida que parezcas obsesionado con ella. ¡No puedes ser siempre el foco de atención! Prosperas cuando te inundan de amor y de adoración, pero, para que la relación sobreviva, esas emociones han de ser genuinamente recíprocas.

Sol en Aries, Marte en Leo

Entusiasta; afectuoso; has de poder hacer tus cosas sin que te limiten; innovador; temperamental.

Sol en Tauro, Marte en Leo

Deseas una vida estable y cómoda; resistente al cambio y a las sorpresas; afectuoso, pero controlador en ocasiones.

Sol en Géminis, Marte en Leo

Vivaz; sociable; carismático; se te da bien combinar las ideas con la acción; la calidez de Leo compensa la frialdad de Géminis.

Sol en Cáncer, Marte en Leo

Orientado a la familia, necesitas una base doméstica sólida; proteges a tus seres queridos, pero no seas demasiado exigente.

Sol en Leo, Marte en Leo

Tu creatividad necesita salidas positivas; deseo de aplauso y de atención; mucho orgullo; muy afectuoso.

Sol en Virgo, Marte en Leo

La reticencia de Virgo se enfrenta a la seguridad de Leo en sí mismo; emociones cálidas; excelentes habilidades organizativas.

Sol en Libra, Marte en Leo

El encanto de Libra combinado con la calidez de Leo; te encanta hacer y recibir gestos románticos.

Sol en Escorpio, Marte en Leo

Personalidad fuerte y decidida; detestas que te contradigan; emociones profundas, pero cuidadosamente controladas.

Sol en Sagitario, Marte en Leo

Cálido, amante de la diversión, relajado; te gusta viajar y relacionarte con otros; afectuoso y amable.

Sol en Capricornio, Marte en Leo

El anhelo de éxito y de logro puede dominar las relaciones; disfrutas de las pasiones intensas.

Sol en Acuario, Marte en Leo

La independencia de Acuario se ve compensada por el afecto de Leo; las amistades se pueden transformar en relaciones de pareja o sexuales.

Sol en Piscis, Marte en Leo

Intentas controlar las emociones demasiado intensas; amable y considerado; muy empático; romántico e idealista.

Marte natal en Virgo

¿Cómo se comporta tu Marte natal en Virgo? A continuación, encontrarás información clave, tanto si lees acerca de ti como de algún conocido. Ahora descubrirás cómo esta configuración afecta a cualquiera con esta combinación de signo y de planeta.

Elemento	Modalidad	Palabras clave
Tierra	Mutable	Meticuloso, práctico, servicial

Virgo es célebre por su perfeccionismo y necesita que muchas de las áreas de su vida sean tan impecables como sea posible. Eso incluye a las relaciones, tanto si hablamos de familia, de hijos, de compañeros de trabajo, de amigos, de amantes o de parejas. Todo lo chapucero o hecho a desgana te incomoda tanto como si llevaras una piedra en el zapato, por lo que tienes expectativas muy elevadas y te enfureces contigo mismo cuando crees que no has estado a la altura. Te irritas de la misma manera si sospechas que alguien en tu vida no cumple su parte y le dirás en qué crees que se equivoca en cuanto tengas oportunidad. Consideras que ofreces consejos valiosos, pero la otra persona lo puede percibir como una muestra de irritación o como una crítica machacona.

Tus habilidades prácticas no tienen par y eres la persona a la que acudir en momentos de crisis o cuando alguien necesita que le echen una mano. Sin embargo, tu sentido del deber y de la obligación puede llevar a que no sepas dónde establecer el límite y a que acabes enfermo por la sobrecarga de trabajo o dedicando demasiado tiempo a los demás y no el suficiente a ti mismo. ¿Recuerdas que, en los aviones, nos dicen que si hay falta de oxígeno nos tenemos que poner la máscara antes de ayudar a nadie a ponerse la suya? Lo mismo sucede en la vida cotidiana, porque no podemos ayudar si estamos agotados o exhaustos. Sin embargo, hacer demasiado poco te puede sentar tan mal como hacer demasiado, porque la inacción o el sedentarismo pueden conducir a una acumulación de energía nerviosa que te imposibilite relajarte. Así que deberías buscar la moderación en todas las cosas. Más fácil de decir que de hacer, ¿verdad?

Sol en Aries, Marte en Virgo

La impetuosidad de Aries choca con la cautela de Virgo; resistencia y perseverancia cuando hay que hacer algo.

Sol en Tauro, Marte en Virgo

Fiable, práctico; terrenal, equilibrado y estable; necesitas relaciones sólidas con personas en quienes puedas confiar.

Sol en Géminis, Marte en Virgo

Inteligente; mente inquisitiva; inquieto y nervioso; disfrutas de las conversaciones, pero hablar de cuestiones emocionales te puede resultar difícil.

Sol en Cáncer, Marte en Virgo

Solícito, servicial y comprensivo; énfasis en crear el hogar perfecto; muy nervioso.

Sol en Leo, Marte en Virgo

Gran habilidad organizativa; aunque necesitas que te valoren, la modestia de Virgo modera al ego de Leo.

Sol en Virgo, Marte en Virgo

Constante, trabajador; te cuesta relajarte y bajar la guardia; puedes ser muy crítico con tus seres queridos.

Sol en Libra, Marte en Virgo

Expectativas muy elevadas respecto a la conducta y a la cortesía; eres tu peor crítico; la efusividad emocional te abochorna.

Sol en Escorpio, Marte en Virgo

Muy ambicioso y motivado; has de poder expresar las complejas emociones de Escorpio, no reprimirlas.

Sol en Sagitario, Marte en Virgo

Necesitas ser libre para ser tú mismo, aunque no seas perfecto; necesitas una pareja inteligente e ingeniosa.

Sol en Capricornio, Marte en Virgo

Independiente y de confianza; solo expresas tus emociones cuando te sientes seguro y a salvo del ridículo.

Sol en Acuario, Marte en Virgo

Inteligente; tienes las ideas claras y no te asusta compartirlas con los demás; reservado en lo que a las emociones se refiere.

Sol en Piscis, Marte en Virgo

El pudor de Virgo contiene los excesos emocionales de Piscis; has de aprender a confiar en ti mismo y en los demás.

Marte natal en Libra

A continuación, encontrarás información vital acerca de cómo Marte en Libra influye en tu personalidad y en tu actitud respecto a las relaciones. En este apartado, descubrirás cómo se relaciona Marte con tu signo solar o con el de otras personas en tu vida.

Elemento	Modalidad	Palabras clave
Aire	Cardinal	Diplomático, considerado, orientado a las relaciones

Marte, asertivo y, en ocasiones, directamente pendenciero, no se acaba de sentir cómodo en el cortés signo de Libra, para el que los buenos modales, la armonía y causar buena impresión son de una importancia vital. El fogoso planeta tiene dificultades para expresarse plenamente cuando se espera que se comporte siempre con la máxima corrección. ¿Resultado? Frustración y resentimiento. A Libra le gusta centrarse en los demás más que en sí mismo, por lo que pedir abiertamente lo que quiere le puede resultar difícil. La persuasión es todo un arte para Libra, lo que puede ser una herramienta valiosísima a la hora de superar ese obstáculo. Sabes instintivamente cómo conectar con los demás y hacerlos tuyos, tanto si es mediante la adulación, el ingenio o cualquier otra estrategia diplomática. La mayoría de las veces ni siquiera te das cuenta de ello, porque lo haces de manera natural.

Las relaciones son fundamentales para ti. Quieres que sean placenteras, positivas y civilizadas, y te esfuerzas mucho para que sea así. Si tu pareja o un amigo no hacen lo mismo o no demuestran la cortesía o la consideración que tú tanto te esfuerzas en ofrecer, te parece injusto y te puedes acabar irritando mucho. Si tú te esfuerzas tanto, ¿por qué no pueden los demás hacer lo mismo? Las injusticias te tocan la fibra, te afecten directamente o las leas en el periódico, y, aunque a veces te cuesta defenderte a ti mismo porque no quieres ofender a nadie, no tienes el menor reparo en defender a otros si crees que los han tratado injustamente. Es posible que incluso forjes una carrera profesional de éxito en base a ello.

Sol en Aries, Marte en Libra

Conflicto entre querer complacerte a ti mismo y a los demás; las discusiones con la pareja pueden ser la antesala de una reconciliación apasionada.

Sol en Tauro, Marte en Libra

Te gusta tomarte la vida con calma en la medida de lo posible; resistente al cambio; énfasis en tener buen aspecto y en caer bien.

Sol en Géminis, Marte en Libra

Sociable; ingenioso con las palabras; tu pareja ha de ser inteligente y no exigirte demasiado emocionalmente.

Sol en Cáncer, Marte en Libra

Centrado y ambicioso; te puedes poner a la defensiva y enojarte cuando te hieren los sentimientos; defiendes con ferocidad a los demás.

Sol en Leo, Marte en Libra

Te encanta estar con los demás; quieres relaciones sencillas y duraderas; puedes ser muy romántico e idealista.

Sol en Virgo, Marte en Libra

Las elevadas expectativas de Virgo pueden irritar a los demás; tu pareja ha de ser culta y educada y tener buenas maneras.

Sol en Libra, Marte en Libra

Mucho énfasis en complacer a los demás, que puede devenir en resentimiento si tus necesidades no se ven satisfechas a cambio; gran deseo de colaboración.

Sol en Escorpio, Marte en Libra

La intensidad de Escorpio se ve regulada por la aversión de Libra a las grandes manifestaciones emocionales; puedes ser muy persuasivo.

Sol en Sagitario, Marte en Libra

Amistoso y generoso; te enamoras con facilidad, pero tu pareja ha de ser inteligente; disfrutas cuando tienes una causa por la que luchar.

Sol en Capricornio, Marte en Libra

Ambicioso, motivado; prosperas gracias a que conoces a las personas «adecuadas»; quieres impresionar a los demás.

Sol en Acuario, Marte en Libra

Te derrites por las personas inteligentes y atractivas; incómodo ante las manifestaciones emocionales excesivas.

Sol en Piscis, Marte en Libra

Las emociones te abruman con facilidad; idealista, esperas lo mejor de tu pareja; considerado.

Marte natal en Escorpio

En estas páginas, descubrirás cómo se relaciona Marte en Escorpio con tu signo solar o con el de alguien en tu vida. ¿Cómo se comporta Marte natal en Escorpio? A continuación encontrarás información vital, ya seas tú o algún conocido quien presenta esta configuración.

Elemento	Modalidad	Palabras clave
Agua	Fija	Apasionado, profundo, fuerza de voluntad

La vida parece un juego a todo o nada cuando se tiene a Marte en Escorpio. Marte es el corregente de Escorpio y fue su regente único hasta el descubrimiento de Plutón, por lo que se siente como en casa en este signo. Como resultado, las características de tu Marte en Escorpio son tan potentes que se filtran a prácticamente todas las áreas de tu vida. Canalizas muchísima energía a todo lo que haces, tanto si se trata de encontrar una ganga en línea como de planificar tu próximo golpe de efecto en el trabajo, y esperas que todo el mundo esté igualmente comprometido. Cuando no es así, te decepcionas profundamente (si es que no te enfureces) y no entiendes su actitud. Tiendes a ver el mundo en blanco y negro y te cuesta mucho encontrar un punto medio cuando no estás de acuerdo con alguien. No entiendes que no lo vean como tú y, si no consigues que lo hagan, te acabas enfadando.

Aunque todas las ubicaciones de Marte tienen potencial, esta tiene más que la mayoría. No hay casi nada que no puedas hacer si te lo propones, pero, como acostumbra a suceder con Escorpio, necesitas poder expresar plenamente todo ese potencial y desarrollarlo de la manera más positiva para ti. De otro modo, te acabas sintiendo limitado y frustrado. Esto puede llevar a la obsesión, al resentimiento y, al final, al deseo de venganza.

La intensidad y la profundidad de las emociones de Escorpio se agitan siempre en tu interior, por mucho que te esfuerces en mantenerlas tan escondidas como te sea posible. Al fin y al cabo, te gusta mantener ocultas tus cartas y solo revelas tus emociones cuando es necesario. Así te sientes más seguro.

Sol en Aries, Marte en Escorpio

Una fuerza motriz cuya energía no siempre está controlada; has de canalizar la ambición y la motivación en la dirección adecuada.

Sol en Tauro, Marte en Escorpio

La placidez de Tauro choca con la intensidad de Escorpio; afectuoso y muy leal; has de controlar las tendencias posesivas.

Sol en Géminis, Marte en Escorpio

La versatilidad de Géminis sumada a la persistencia de Escorpio; en las relaciones, puedes variar entre la fidelidad y la inconstancia.

Sol en Cáncer, Marte en Escorpio

Emociones potentes protegidas con sumo cuidado; tardas en confiar en el otro, pero cuando lo haces, te comprometes a fondo.

Sol en Leo, Marte en Escorpio

Te tomas las relaciones muy en serio; eres muy leal y comprometido; puedes ser obstinado e inflexible.

Sol en Virgo, Marte en Escorpio

Puedes ser emocionalmente distante; mucha energía nerviosa que puede conducir a la preocupación y a la obsesividad.

Sol en Libra, Marte en Escorpio

Control férreo sobre las emociones más profundas y agitadas; la intensidad de Escorpio puede incomodar a Libra.

Sol en Escorpio, Marte en Escorpio

Emociones profundas que, quizás, no se exploren ni se expresen nunca plenamente; proteges tus secretos personales.

Sol en Sagitario, Marte en Escorpio

Capaz de emociones muy profundas y de la sabiduría que procede de la experiencia; dedicado a causas nobles.

Sol en Capricornio, Marte en Escorpio

Reservado y controlado; te tomas la vida en serio; gran sentido del humor; de fiar y estoico.

Sol en Acuario, Marte en Escorpio

El desapego de Acuario choca con la complejidad de Escorpio; leal y afectuoso; obstinado y con opiniones muy marcadas.

Sol en Piscis, Marte en Escorpio

Emociones profundas, pero a veces demasiado complejas o misteriosas para poder expresarlas; puedes ser muy reservado; proteges tu intimidad.

Marte natal en Sagitario

Cuando Marte natal está en Sagitario, se conecta con tu signo solar (o con el de tu pareja o con el de un amigo) de un modo específico. Este apartado te ayudará a entender y a aplicar ese conocimiento.

Elemento	Modalidad	Palabras clave
Fuego	Mutable	Aventurero, directo, entusiasta

La honestidad es una de tus mayores fortalezas, porque no soportas la idea de eludir la verdad o, aún peor, de mentir. Te gusta decir las cosas como son, aunque a los demás no les guste escucharlas. Sin embargo, tu deseo de ser honesto y directo puede causar fricciones, porque eres incapaz de medir tus palabras o de matizar tus opiniones. Cuando el entusiasmo y la seguridad de Sagitario te arrastran hasta el punto de que ya no sabes lo que dices, puedes ser directo, mostrarte arrogante o carecer de tacto. ¡O las tres cosas a la vez! También te puedes mostrar avasallador si discrepas de alguien: le señalarás todos los fallos en su argumentación y, si lo consideras necesario (algo que suele suceder), apelarás a tu superioridad moral.

Por el lado positivo, que nunca está demasiado lejos porque Sagitario es un signo muy positivo, te impulsan el optimismo y el entusiasmo. Tu botella está siempre medio llena (a no ser que otras áreas de tu carta astral cuenten una historia muy distinta) y te lanzas a la aventura a la menor oportunidad. Es posible que seas un viajero intrépido y que siempre elijas visitar partes exóticas del globo para empaparte del ambiente local en lugar de volver al mismo sitio año tras año. ¡Qué aburrido sería eso! Los viajes mentales, ya se trate de educación formal, filosofía o política, también te atraen y, en ese caso, puedes llegar a ser bastante competitivo acerca de cuánto sabes acerca de un tema concreto. Para satisfacer a tu signo de Marte, siempre has de tener algún reto al que enfrentarte. No siempre acertarás en la diana, pero al menos te lo pasarás en grande intentándolo.

Sol en Aries,
Marte en Sagitario

Entusiasta, animado, lleno de energía; puedes ser demasiado aficionado al riesgo; necesitas una pareja vital.

Sol en Tauro,
Marte en Sagitario

Dividido entre ir sobre seguro y asumir riesgos; la posesividad de Tauro se ve compensada por el deseo de libertad de Sagitario.

Sol en Géminis,
Marte en Sagitario

Vivaz; inteligente; independiente; amistoso y cariñoso, pero detestas sentirte atado; intrigado por las ideas y el conocimiento.

Sol en Cáncer,
Marte en Sagitario

El anhelo de Cáncer por la seguridad doméstica choca con el deseo de Sagitario de espacios abiertos.

Sol en Leo, Marte en Sagitario

Afectuoso, cálido, cariñoso; comprensivo; orgulloso; expansivo; entusiasta.

Sol en Virgo,
Marte en Sagitario

La orientación al detalle de Virgo frente al deseo de Sagitario de ver la imagen general; deseo de cambio y de variedad; elocuente.

Sol en Libra,
Marte en Sagitario

La diplomacia de Libra contrarresta la torpeza de Sagitario; tus amistades y tu pareja han de ser capaces de pensar por sí mismas.

Sol en Escorpio,
Marte en Sagitario

La privacidad de Escorpio frente a la apertura de Sagitario; reducción de la posesividad de Escorpio; necesitas algo en lo que creer.

Sol en Sagitario,
Marte en Sagitario

Entusiasta y expansivo; optimista; amable y afectuoso; puedes luchar por creencias o causas; independiente.

Sol en Capricornio,
Marte en Sagitario

El sentido del humor de Sagitario aligera la seriedad de Capricornio; eres comprensivo y puedes ser muy sabio.

Sol en Acuario,
Marte en Sagitario

Disfrutas de la amistad y de estar con personas afines a ti; interesado por las ideas y por encontrar tu propio camino en la vida.

Sol en Piscis,
Marte en Sagitario

Mudable; entusiasta; impresionable; quieres compañía estimulante y personas afines; no siempre eres fiel.

Marte natal en Capricornio

¿Cómo se comporta Marte cuando cae en Capricornio? A continuación, encontrarás información vital, tanto si eres tú quien presenta esta configuración como si se trata de alguien a quien conoces. Aquí descubrirás cómo conecta Marte con tu signo solar.

Elemento	Modalidad	Palabras clave
Tierra	Cardinal	Decidido, ambicioso, controlado

Te tomas la vida muy en serio. En ocasiones, tu ambición y tu motivación te llevan a que te la tomes casi como un trabajo. Para algunas personas con Marte en Capricornio, el trabajo es el principio y el fin de todo, ya sea porque les gusta tanto que forma parte de todo lo que hacen, por el estatus que aporta o por ambas cosas a la vez. Independientemente de dónde encajes en esta escala de ética laboral, cuentas con una determinación, empuje y motivación tremendos que te impulsan a superar los obstáculos (que en ocasiones pueden parecer muy elevados y sobre todo cuando te acercas a la treintena) hasta que por fin llegas a donde quieres llegar. Algunos signos renunciarían mucho antes, por pura frustración, pero Capricornio está dispuesto a seguir esforzándose hasta lograr lo que sea que ambicione. Esto te gana el respeto de los demás, lo que es otra ventaja en lo que a ti respecta.

Todo esto exige mucho autocontrol y disciplina, dos cualidades que, por suerte, tienes a espuertas. Es posible incluso que sacrifiques otras áreas de tu vida para concentrarte en lo que consideres más importante emocional o socialmente hablando o para centrarte en salir adelante materialmente. Los Beatles nos recordaron que el amor no se compra con dinero, pero lo que el dinero sí compra son muchas cosas que te hacen sentir bien. Por mucho que disfrutes de tu nuevo coche o de tu pantalla de TV gigante, no te puedes acurrucar con ellos en la cama, por lo que necesitas una pareja afectuosa que te recuerde que el éxito va más allá del trabajo y del saldo en la cuenta bancaria, y que también exige una vida personal feliz y satisfactoria.

Sol en Aries,
Marte en Capricornio

Muy motivado, con la iniciativa de Aries equilibrada por la tenacidad de Capricornio; muy sexual con la persona adecuada.

Sol en Tauro,
Marte en Capricornio

Tienes la ambición y la motivación para el éxito; leal y comprensivo; evita ser demasiado materialista.

Sol en Géminis,
Marte en Capricornio

Grandes habilidades de comunicación reforzadas con una voluntad de hierro; puedes mantener las emociones a raya.

Sol en Cáncer,
Marte en Capricornio

Organizado y con autoridad, pero puedes ser mandón e inflexible; muy ambicioso; te esforzarás para proveer para tus seres queridos.

Sol en Leo,
Marte en Capricornio

Organizado y con autoridad, aunque también puedes ser mandón e inflexible; proteger a tus seres queridos es muy importante para ti.

Sol en Virgo,
Marte en Capricornio

De fiar y de confianza, pero puedes trabajar demasiado; práctico; demuestras el amor con acciones más que con palabras.

Sol en Libra,
Marte en Capricornio

Énfasis en hacer las cosas de la manera correcta para ganarte el respeto de los demás; diplomático y amable, pero también puedes ser calculador.

Sol en Escorpio,
Marte en Capricornio

Tremendo anhelo de avanzar en la vida, incluso a costa de las relaciones; puedes ser reservado emocionalmente; muy erótico en privado.

Sol en Sagitario,
Marte en Capricornio

La curiosidad de Sagitario se ve reforzada por el ímpetu y el propósito de Capricornio; dividido entre ser un espíritu libre y seguir las normas.

Sol en Capricornio,
Marte en Capricornio

Muy motivado; énfasis en la reputación y en el respeto; la vida emocional puede quedar en segundo plano.

Sol en Acuario,
Marte en Capricornio

Orientado a la racionalidad y el sentido común; puedes ser emocionalmente distante o reservado.

Sol en Piscis,
Marte en Capricornio

En el mejor de los casos, asentado y creativo, pero también limitado por los miedos; maravilloso a la hora de poner la compasión en acción.

Marte natal en Acuario

¿Cómo funciona la combinación de Marte natal en el signo de Acuario? A continuación, encontrarás información esencial, ya sea para ti o para algún conocido. Aquí descubrirás cómo conecta este Marte con tu signo solar o el de alguien en tu vida.

Elemento	Modalidad	Palabras clave
Aire	Fija	Radical, desapegado, independiente

La combinación del dinamismo de Marte y la independencia de Acuario da lugar a una necesidad abrumadora de hacer las cosas a tu manera. No soportas que te digan qué hacer o cómo comportarte, aunque es posible que las circunstancias te obliguen a cumplir órdenes o, al menos, a hacer como que las cumples mientras sigues a la tuya sin que nadie se dé cuenta. Idealmente, quieres la oportunidad de vivir la vida que elijas vivir, independientemente de lo que otros digan o piensen. Por desgracia, esto no siempre es una receta para la armonía doméstica, por lo que puede haber muchas discusiones o luchas de voluntades cuando tú y la otra persona no estéis de acuerdo. Es posible que decidas que es mejor vivir solo, sobre todo si tu Venus está en un signo también desapegado emocionalmente; así evitas tener que aguantar las expectativas de los demás y te ahorras las inevitables críticas y escenas cuando esas esperanzas se ven frustradas. Esto no significa que renuncies a la idea del amor, sino que prefieres mantener cierta distancia entre tú y tu ser amado, lo cual puede añadir mucha chispa a la relación, por no mencionar que te ahorrarás tener que comprar platos cada vez que os los tiréis a la cabeza.

Tienes una gran necesidad de independencia, pero también eres impredecible, por lo que los demás nunca están seguros de cómo o por qué quieres afirmar tu libertad. Algo de lo que pueden estar seguros es de tu determinación a defender y a luchar por un mundo mejor, sobre todo si se trata de proteger a animales o de defender los derechos humanos. Otra cosa segura es la importancia que otorgas a las amistades y tu necesidad de relacionarte con personas que piensen como tú y compartan tus esperanzas y tus sueños.

Sol en Aries, Marte en Acuario

Individualista, amante de la libertad; adoptas aficiones nuevas, pero no siempre las sigues hasta el final.

Sol en Tauro, Marte en Acuario

El tradicionalista Tauro choca con el iconoclasta Acuario; leal, pero a veces obstinado.

Sol en Géminis, Marte en Acuario

Tremenda necesidad de libertad intelectual; atraído por personas ingeniosas e inteligentes capaces de pensar por sí solas.

Sol en Cáncer, Marte en Acuario

El amor por lo doméstico choca con la necesidad de ser un espíritu libre; has de reconciliar la necesidad de mostrar las emociones con el deseo de permanecer a distancia.

Sol en Leo, Marte en Acuario

Extraordinariamente leal y constante con los seres queridos; tu gran orgullo te puede llevar a empecinarte en salirte con la tuya.

Sol en Virgo, Marte en Acuario

Te gusta mantener cierto aire de desapego y distanciamiento; quizás prefieras vivir solo; opiniones fuertes.

Sol en Libra, Marte en Acuario

Prefieres la compañía de personas civilizadas e inteligentes; deseo de ser justo y de tratar a todos como iguales.

Sol en Escorpio, Marte en Acuario

La naturaleza de Escorpio se contiene y se controla para evitar escenas desagradables, lo que puede causar frustración.

Sol en Sagitario, Marte en Acuario

Gran necesidad de independencia; motivado por las ideas y los retos; tu pareja te ha de dejar espacio.

Sol en Capricornio, Marte en Acuario

Puedes estar dividido entre el convencionalismo y la rebeldía; has de encontrar tu propio camino en la vida y seguir tus propias normas.

Sol en Acuario, Marte en Acuario

Puedes mantener una actitud radical ante la vida; ferozmente autosuficiente con temor a sentirte atado o limitado.

Sol en Piscis, Marte en Acuario

Profundamente humanitario y altruista; feliz cuando luchas por una causa en la que crees de verdad.

Marte natal en Piscis

¿Cómo se comporta Marte natal en Piscis? A continuación, encontrarás información vital, ya seas tú quien presenta esta configuración ya se trate de otra persona. En estas páginas descubrirás cómo se conectan Marte y tu signo solar.

Elemento	Modalidad	Palabras clave
Agua	Mutable	Idealista, altruista, emocional

Empecemos por las no tan buenas noticias. El agresivo Marte acostumbra a estar un poco perdido en el soñador Piscis, sobre todo cuando su impulsividad se desvanece entre tanta emoción y escapismo. Como resultado, es posible que a veces te cueste motivarte o, quizás, comiences un proyecto con gran entusiasmo que luego se esfuma por motivos que no atinas a explicar. En el peor de los casos, esto te puede dejar desorientado y a la deriva o quizás te dejes influir demasiado por personas que te dicen qué hacer aun cuando no sea lo mejor para ti.

Es esencial que encuentres tu propia manera de sacar el mejor partido posible de esta configuración tan sensible. Una opción es cuidar de otros, tanto si se trata de personas, de animales o de plantas. Este noble instinto es una gran expresión de tu naturaleza afectuosa, pero te tienes que asegurar de no permitir que esta amabilidad innata se convierta en una necesidad obsesiva de rescatar a todas las almas perdidas y pájaros heridos que se crucen en tu camino. Es una tarea imposible y te arriesgas a quedar absolutamente agotado en el proceso. Piscis es el signo del sacrificio, pero eso no significa que debas permitir que te expriman hasta que ya no tengas nada más que ofrecer. En última instancia, has de aprender a cuidar de ti mismo, conocer tus límites y, entonces, reforzarlos para poder decir «no» sin flaquear.

Tienes un potencial creativo y artístico enorme, ¡dale rienda suelta! El baile, la música y el arte te pueden resultar muy atractivos, o quizás prefieras explorar temas más esotéricos, como la meditación, la religión o el trabajo con sueños, siempre que permanezcas con los pies en el suelo mientras lo haces.

Sol en Aries, Marte en Piscis

La bravuconería de Aries oculta la sensibilidad de Piscis; idealista y romántico; has de aprovechar la motivación y la energía de Aries.

Sol en Tauro, Marte en Piscis

La estabilidad de Tauro ayuda a orientar al soñador Piscis; artista; puede ser muy seductor y sensual.

Sol en Géminis, Marte en Piscis

Necesitas expresar tu versatilidad y tu mutabilidad; quieres organización, pero no una rutina que te robe la energía.

Sol en Cáncer, Marte en Piscis

Amable, considerado y afectuoso; dones creativos; esperas mucho de tus seres queridos.

Sol en Leo, Marte en Piscis

Amable, considerado y afectuoso; dones creativos; expectativas muy elevadas respecto a tus seres queridos.

Sol en Virgo, Marte en Piscis

En el mejor de los casos, el pragmatismo de Virgo aporta organización al escapista Piscis; en el peor, puedes acabar eternamente decepcionado contigo mismo.

Sol en Libra, Marte en Piscis

El deseo de romance y del amor perfecto se puede convertir en una búsqueda eterna; cortés; fácilmente influenciable por otros.

Sol en Escorpio, Marte en Piscis

Es posible que nunca explores plenamente las profundidades emocionales, por miedo a lo que puedas encontrar; inmensa intuición y sensibilidad.

Sol en Sagitario, Marte en Piscis

Juguetón y vital; actitud positiva ante la vida, pero te desalientas con facilidad ante los obstáculos.

Sol en Capricornio, Marte en Piscis

La ambición de Capricornio centra el idealismo de Piscis; apoyas a tus seres queridos; tendencia a la timidez.

Sol en Acuario, Marte en Piscis

Ideales y expectativas personales elevadas; altruista y amable; puedes ser emocionalmente distante o ausente.

Sol en Piscis, Marte en Piscis

Inspirado e idealista, pero puedes tener dificultades para encontrar motivación; fácilmente influenciable por los demás para bien o para mal; romántico.

Marte y las casas

La casa que Marte ocupa en tu carta astral describe el área de tu vida a la que canalizas instintivamente tu energía. También puede ser la faceta acerca de la que sostienes opiniones más fuertes o la que causa más tensión o desacuerdos con tus seres queridos.

Marte en la casa I: personalidad

Siempre tienes prisa. Detestas tener que esperar por nada, sobre todo si sabes quién es el obstáculo. Esto te provocará ataques de impaciencia y rabietas que pueden interferir con las relaciones o, al menos, enturbiarlas. Con frecuencia, te precipitas y tomas decisiones sin haber reflexionado antes. ¿Quién tiene tiempo para planificar? ¡Tú no! Eres un líder excelente y un pionero que asume riesgos, pero también tiendes a tener accidentes y no siempre aprendes de tus errores.

Marte en la casa II: finanzas

Te gusta canalizar tus considerables energías hacia lo que sea que consideres importante. En función de cuál sea tu signo de Marte, tanto puede ser algo materialista, como ganar o ahorrar dinero o comprar una casa, como algo más espiritual o filosófico. Sea como sea, esperas resultados rápidos, lo que te puede llevar a ser impulsivo en lo que a gastar dinero se refiere. En las relaciones, evita las demostraciones de irritabilidad y posesividad, así como poner demasiado énfasis en las adquisiciones.

Marte en la casa III: comunicación

Tu abundante energía nerviosa te mantiene en movimiento constante. Te encanta estar en marcha, sobre todo si eso significa sentarte al volante de un coche rápido o salir a correr. Es esencial que puedas dar una salida positiva a toda esta energía e ímpetu; de lo contrario, puedes acabar enredado en discusiones prolongadas o encendidas que siempre quieres ganar. Controla tu lengua afilada y los comentarios cortantes, para no causar daños innecesarios o alejar irremediablemente a los demás.

Marte en la casa IV: hogar

Tu hogar y tu familia te absorben mucha energía. Podría ser porque te encanta ocuparte de las tareas de bricolaje y del jardín o porque eres un entusiasta de las tareas domésticas, que te ayudan a asentar las emociones y a desahogar la irritabilidad que pudieras estar sintiendo. Es posible que también disfrutes trasteando con el coche o haciendo de carpintero. También tiendes a implicarte mucho en la vida de tu familia y a decir lo que crees que todos deberían (o no) hacer. Tu vida doméstica puede ser muy tensa en ocasiones, sobre todo durante las acaloradas discusiones de sobremesa.

Marte en la casa V: creatividad

Te zambulles en la vida siempre que puedes e intentas vivirla tan plenamente como te sea posible. Disfrutas mucho del deporte y de las actividades atléticas, así como de cualquier cosa que satisfaga tu naturaleza competitiva, aunque dejas muy claro que no te gusta en absoluto que te dejen ganar sin más. Anhelas actividades que te permitan expresarte de la manera que te resulte más natural. En lo que al amor se refiere, disfrutas combinando un poco de romance con mucha pasión sexual.

Marte en la casa VI: trabajo y salud

El trabajo es una parte muy importante de tu vida y necesitas sentir que haces algo de utilidad y que merece la pena incluso si estás desempleado. Controla la tendencia a obsesionarte con el trabajo o a forzar tanto la máquina que tu salud se acabe resintiendo. La relación con tus colegas y empleados puede ser tensa en algunas ocasiones, sobre todo si piensas (¡o dices!) que no se esfuerzan lo suficiente o que son demasiado lentos. Asegúrate de que encuentras maneras positivas de quemar el exceso de energía; de otro modo, tu irritabilidad puede provocar enfrentamientos.

Marte en la casa VII: relaciones

Canalizas una cantidad enorme de energía emocional hacia tus relaciones y esperas el mismo nivel de compromiso a cambio. Si no consigues lo que quieres, la persona afectada no tardará en saber lo mucho que te ha decepcionado. A la hora de elegir pareja, te atraen las personas activas, dinámicas y capaces de defenderse a sí mismas, y tomarás la iniciativa con rapidez antes de que cualquier rival se pueda hacer con la presa que anhelas. Tiendes a discutir con las personas en tu vida, lo que puede dar lugar a un ambiente incómodo.

Marte en la casa VIII: emociones intensas

Tienes la necesidad de forjar relaciones estrechas e intensas con los demás, tanto si se trata de amigos como de familiares o de una pareja a largo plazo. Las relaciones intrascendentes son una pérdida de tiempo en lo que a ti respecta. Necesitas expresar tu fuerte impulso sexual y es posible que disfrutes haciendo múltiples conquistas. Por el contrario, también es posible que renuncies al sexo por completo y que canalices toda esa energía emocional hacia facetas profundas y misteriosas como la psicología o la vida después de la muerte.

Marte en la casa IX: aprendizaje

La aventura, los desafíos y las oportunidades siempre te hacen vibrar. Estás en una búsqueda constante de aprendizaje, que puedes satisfacer viajando o mediante la filosofía, la religión, la educación superior, la política o cualquier otro tema que te encienda de entusiasmo y de celo reformista. Vigila la tendencia a discutir con los demás por sus creencias con la esperanza de convertirlos a tu manera de pensar. Cuando eliges pareja, es posible que proceda de otro país o de otra cultura.

Marte en la casa X: estatus

Eres muy ambicioso, estás decidido a tener éxito y haces todo lo posible para conseguirlo. Esto te otorga un impulso y una energía extraordinarios y también puede significar que, si fuera necesario, estás dispuesto a luchar para conseguirlo. La otra cara de la moneda es que tus relaciones se pueden resentir. Evita la tendencia de poner la zancadilla o de ser despiadado con la competencia, porque te hará impopular y el tiro te acabará saliendo por la culata. Las disputas con figuras de autoridad también te pueden complicar la vida.

Marte en la casa XI: amistad

Esta posición de Marte ejerce una gran influencia en las relaciones, tanto para bien como para mal. Es posible que discutas mucho con los amigos, aunque también pelearás por ellos, a veces incluso en sentido literal. Con frecuencia, haces amigos con rapidez, pero se esfuman a la misma velocidad, sobre todo si has caído en la tentación de decirles lo que han de hacer o te impacientas con ellos demasiadas veces. También es posible que un amigo se convierta en tu pareja o que sigas manteniendo la amistad con un ex mucho después de que la relación de pareja haya terminado.

Marte en la casa XII: espiritualidad

Marte es un planeta muy franco y directo y, sin embargo, adopta un cariz confuso o reservado cuando cae en la casa XII. Quizás disfrutes trabajando entre bambalinas o haya motivos que justifiquen que te sientas incapaz de acaparar el protagonismo. Tienes un instinto altruista muy potente que te puede llevar a luchar por el que parece que lleva las de perder o por personas ignoradas o marginadas por la sociedad. Sexualmente, es posible que mantengas relaciones secretas que nadie puede conocer o que disfrutes de juegos sexuales detrás de puertas cerradas.

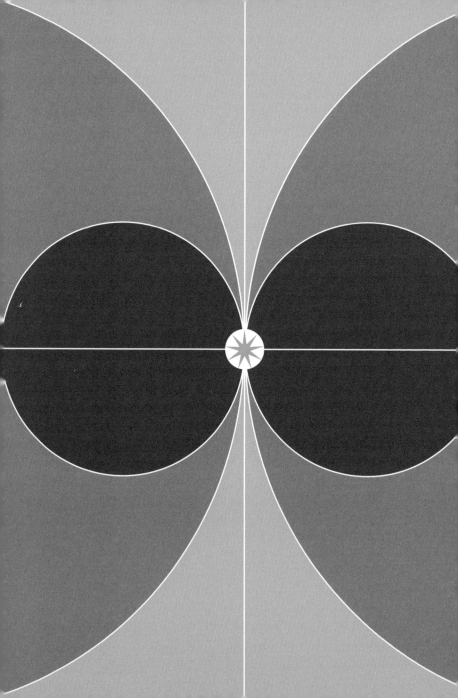

Quinta parte

Amor, sexo y relaciones

Venus y Marte son célebres por la combinación tan sexi que forman. Esta parte del libro te hablará de tu estilo afectivo y de tu expresión sexual basándose en tus signos de Venus y de Marte. Te explicará cómo se llevan tus signos de Venus y de Marte y cómo le va a tu signo de Venus con el signo de Marte de otras personas. Por supuesto, también puedes leer acerca de la configuración de Venus y Marte de tu pareja para descubrir qué busca en las relaciones.

Hay relaciones que duran y otras que no. Si quieres saber si una relación nueva superará la prueba del tiempo, esta sección te dará información valiosa partiendo de la posición actual de Venus. También descubrirás cómo dar el primer paso según el signo que Marte ocupe ahora. Y, si las cosas no salen bien y llega la hora de decir adiós, las posiciones de Venus y Marte en tránsito te dirán cómo hacerlo de la manera más efectiva.

Venus y tu estilo afectivo

El signo que ocupa tu Venus dice mucho acerca de tu actitud frente al amor. ¿Es algo natural para ti o te hace sentir ligeramente incómodo? Consulta también qué dice el signo de Venus de tu pareja.

Venus natal en Aries

Las cosas suceden a toda velocidad, sobre todo en lo que respecta al amor y al romance. No quieres perder tiempo, así que, si alguien te atrae, te encargas de que lo sepa enseguida. El principio de una nueva relación siempre es la mejor parte, o eso crees, y es posible incluso que decidas que nunca antes habías amado así. La pregunta es: ¿durará o no? Te aburres con facilidad y demasiada realidad mundana puede acabar rápidamente con la ilusión romántica. Por otro lado, eres mucho más romántico e idealista de lo que te gustaría admitir, por lo que es muy probable que te hayan roto el corazón más de una vez.

Venus natal en Tauro

No quieres que te metan prisa en lo que a tus emociones se refiere. Eres feliz cuando el amor crece gradualmente y te conquista poco a poco, porque si una relación empieza muy rápidamente, te preocupa que pueda terminar con la misma velocidad. Las relaciones afectivas, tanto si son platónicas como sexuales o familiares, te han de ofrecer la seguridad emocional que anhelas y te esforzarás al máximo para ofrecer lo mismo. Tus emociones son profundas, pero evita ser posesivo con las personas a las que amas. El sexo es un elemento vital en tus relaciones románticas, sobre todo si incluyen un elemento importante de seducción sensual.

Venus natal en Géminis

En lo que a ti respecta, el amor es algo que disfrutar y a lo que prestar atención. Aunque eres capaz de sentir emociones profundas y sinceras, expresarlas te incomoda, por lo que optas por una actitud ligera y despreocupada, con juegos verbales y conversaciones ingeniosas e inteligentes. Cuando te enamoras, te encanta enviar cartas, postales, mensajes de texto y notitas románticas a tu ser querido y anhelas que él o ella haga lo mismo. Si la relación pierde la chispa o se vuelve predecible, es posible que decidas buscar amor en otro sitio, aunque eso suponga ser infiel al alguien.

Venus natal en Cáncer

El amor es una parte esencial de tu vida y no puedes vivir sin él. Ya de pequeño necesitabas alguien o algo a quien querer y de quien cuidar, tanto si se trata de familiares y amigos como de un osito de peluche o incluso de una planta. En ocasiones, puedes depender tanto del afecto de los demás que te vuelves exigente y dependiente y te cuesta perderlos de vista. Aun así, a los demás les encanta disfrutar del amor y de la calidez que irradias, porque saben que surgen del corazón. Una de tus maneras preferidas de demostrar tu amor es cocinarle a alguien una cena deliciosa o cuidarlo de la manera que sea.

Venus natal en Leo

Disfrutas del drama y de la pasión de las relaciones, de los altibajos (siempre que no sean demasiados), de las discusiones, de las reconciliaciones... Necesitas que mantengan tu interés, por lo que las personas demasiado aburridas o tímidas no te atraen. También evitarás a quien pueda brillar más que tú, a no ser que lo haga de modo que te llene de orgullo. ¡La gloria por asociación siempre es bienvenida! Controla la tendencia a decir a tus seres queridos lo que han de hacer. Te encantan los gestos románticos y generosos, como hacer regalos impresionantes.

Venus natal en Virgo

Si alguien espera de ti demostraciones de afecto efusivas (al menos en público), será mejor que espere sentado. Prefieres un estilo mucho más comedido y no te gusta hacer nada de lo que te puedas sentir avergonzado. Aunque esto significa que, a veces, da la impresión de que eres rígido y encorsetado, también quiere decir que, cuando por fin demuestras tus sentimientos, no cabe duda de su sinceridad. Virgo es el signo del perfeccionismo, por lo que, si quieres relaciones felices, has de aprender a contener la tendencia a mostrarte crítico y señalar constantemente en qué se equivoca el otro. Si otras áreas de tu carta coinciden, es posible que incluso seas más feliz viviendo solo.

Venus natal en Libra

Vives el romance a fondo. Corazones y flores, recuerdos y regalos, aniversarios de todo tipo… te es imposible resistirte a todos estos recordatorios sentimentales de tu verdadero amor. Sin embargo, si la temperatura emocional asciende muy bruscamente y la atmósfera se vuelve demasiado intensa, te sentirás incómodo e inseguro. Esta configuración suscita en ti la necesidad abrumadora de estar en pareja, a veces hasta el punto de conformarte con algo que no te acaba de hacer feliz porque lo prefieres a estar solo.

Venus natal en Escorpio

Tus emociones son tan profundas que, a veces, la única manera de gestionar sus resultados intensos, como los celos o la obsesión sexual, es reprimirlas por completo. Bueno, al menos lo intentas, aunque bloquear tus emociones del todo puede ser una tarea casi imposible, por mucho que consigas contenerlas la mayor parte del tiempo. El resultado es que puedes parecer ligeramente frío y distante, a pesar del torrente de emociones que bulle bajo la superficie. Sin embargo, los vínculos emocionales con los demás son esenciales para tu felicidad; necesitas entender al otro y que el otro te entienda a ti, para poder expresar emociones profundas y complejas, idealmente a nivel espiritual.

Venus natal en Sagitario

Eres cálido, entusiasta y afectuoso y te creces con el arrebato de emoción que surge al comienzo de un nuevo amor. Tienes tendencias muy idealistas, por lo que piensas que, esta vez sí, las cosas serán distintas a pesar de que el amor te haya podido decepcionar en el pasado. No te gusta sentirte atado o pegado al delantal de nadie y es posible que decidas afirmar tu independencia alejándote y haciendo tus cosas de vez en cuando. Sobre todo, quieres que el amor sea divitido y entretenido. Puede que te enamores de alguien cuya cultura, orígenes o creencias sean muy distintos a los tuyos.

Venus natal en Capricornio

Las palabras dulces y afectuosas no son lo tuyo. Es posible que incluso te provoquen escalofríos de vergüenza. De todos modos, tienes tu propia manera de demostrarle al otro que lo quieres, aunque a veces lo hagas de maneras sutiles o contenidas. Las relaciones de pareja te pueden hacer mucho daño cuando eres más joven, pero con la edad viene la experiencia, además de relaciones más felices y satisfactorias en el plano emocional. Las demostraciones de afecto en público no te van en absoluto, porque no son buenas para tu imagen, pero lo que sucede en privado ya es harina de otro costal.

Venus natal en Acuario

Aunque es indudable que puedes amar a los demás, no siempre te sientes cómodo demostrándolo. Las demostraciones efusivas de afecto no son tu estilo y prefieres algo mucho más discreto y controlable. Esto puede decepcionar a tu pareja si esperaba un volcán de emociones y es posible que incluso lleve a acusaciones de insensibilidad o de falta de pasión. Si te enamoras de alguien y quieres evitar problemas en el futuro, es imprescindible que, además, te caiga bien. Idealmente, tu pareja debería ser tu mejor amigo, de modo que siempre tengáis algo en común incluso si la relación sexual pierde fuelle.

Venus natal en Piscis

Esperas mucho del amor, pero ¿se hará tu deseo realidad alguna vez? Para ti, el amor ha de ser perfecto, tienes ideales muy altos y tiendes a poner al otro en un pedestal del que, inevitablemente, siempre acaba cayendo. Te es fácil perderte en la relación y adoras dejarte arrebatar por la emoción arrolladora del comienzo de un romance. Por el contrario, asentarte en una rutina más predecible te resulta muy difícil. Eres seductor y atractivo sin necesidad de esforzarte y, además, muchas veces ni siquiera eres consciente de ello, por lo que puedes coleccionar multitud de admiradores sin casi hacer nada.

Marte y tu expresión sexual

¿Cómo definirías tu perfil sexual? ¿Desenfrenado, apasionado, modesto? ¿O es un área tan íntima de tu vida que te incomoda incluso pensar acerca de ello? El signo que Marte ocupaba cuando naciste dice mucho acerca de tu libido y de cómo la expresas.

Marte natal en Aries

Marte rige Aries, por lo que cuentas con una dosis doble de la urgencia y de premura. El sexo es un elemento vital en tus relaciones y es posible que sea lo que decide si prosiguen o llegan a su fin. Necesitas una pareja que comparta tu impulso sexual y tu actitud aventurera; de lo contrario, el desequilibrio en el dormitorio puede acabar con la relación. Cuando alguien te atrae, lo dejas muy claro, posiblemente hasta el punto de resultar demasiado directo o incluso brusco, y quizás te cueste captar que el otro no está interesado. Comprueba tu signo de Venus. ¿Enfatiza o suaviza estas tendencias?

Marte natal en Tauro

Tauro es un signo muy sensual y físico, por lo que una vida sexual feliz y satisfactoria es esencial para ti. Es posible que dejes a alguien si la chispa sexual entre vosotros es más una brasa que una llama, aunque esto te resultará más difícil si lleváis juntos mucho tiempo, porque te resistes a la idea del cambio. Te gusta tomarte las cosas con calma cuando conoces a alguien y no permites que te metan prisa a la hora de comprometerte. El sexo rápido tampoco es tu estilo. Quieres saborearlo, como una buena comida.

Marte natal en Géminis

No cabe duda de que el cerebro es una zona erógena para ti. Por atractivo o bello que sea el rostro de alguien, te dejará de gustar rápidamente si tiene la cabeza hueca. Para ti, las conversaciones ingeniosas son juegos eróticos preliminares y disfrutarás flirteando con el otro de vez en cuando incluso si ya mantenéis una relación estable. También es posible que seas infiel si te aburres con tu pareja, porque detestas que la vida se vuelva demasiado predecible. ¿Qué importa una aventura rápida si nadie se entera?

Marte natal en Cáncer

Si el sexo no viene acompañado de amor, compromiso y emoción profunda a raudales, no te interesa, gracias. Sí, es posible que tengas alguna que otra aventura de una noche, pero no tardarás en darte cuenta de que, en realidad, no son para ti. Buscas amor y estabilidad, por lo que la emoción inicial de que te traten como un objeto sexual se desvanecerá rápidamente si el otro no te demuestra el afecto suficiente. Si quieres pedir una cita a alguien, prefieres hacerlo de manera indirecta a ser demasiado directo, lo que puede hacer que, algunas veces, el otro no se entere.

Marte natal en Leo

El sexo tiene que ser glamuroso, placentero y especial. Luces tenues, música romántica y quizás una botella de champán son el escenario perfecto para una noche de pasión, sobre todo si alguien te quiere seducir. También necesitas ser la estrella en este contexto, por lo que, si tu pareja se olvida de tu placer en favor del propio, o bien le harás saber tu enojo o bien lo dejarás completamente atrás y te irás con otro que te trate como es debido. Idealmente, el sexo debería ser un acto de amor y darte la oportunidad de expresar la calidez y la profundidad de tu afecto.

Marte natal en Virgo

Esta configuración no siempre es cómoda, poque el impetuoso y asertivo Marte se siente atado en el cauto y ordenado Virgo. Como resultado, es posible que tu expresión sexual no siempre fluya con la facilidad que os gustaría a ti o a tu pareja, sobre todo si oyes una vocecilla interior que te dice que lo que haces «no está bien». Algunos con Marte aquí pueden pensar que el sexo es algo sucio y de lo que avergonzarse, mientras que otros estarán encantados de lanzarse a aventuras sexuales siempre que sea en privado. Sea como sea, intenta que tu tendencia a la crítica no se interponga entre tu pareja y tú.

Marte natal en Libra

¡Podrías ser el amante ideal! El sexo es mucho más que pasártelo bien y quieres estar seguro de que tu pareja disfrutará tanto o más que tú. Esto es fantástico si estás con alguien igualmente generoso, pero frustrante si está encantado de ser el centro de atención e ignora tus necesidades. Te atraen las personas inteligentes y que tienen cosas que decir, pero también han de tener buen aspecto. A veces, las discusiones y los enfrentamientos con tu pareja son el emocionante preludio de un sexo apasionado.

Marte natal en Escorpio

El sexo es un asunto muy serio para ti. Esto no significa que no te puedas divertir, pero en el mejor de los casos es una oportunidad perfecta para expresar tus emociones, que son profundas, complejas e intensas, sobre todo si te pasas la mayor parte del tiempo intentando contenerlas. Necesitas una pareja que esté tan comprometida con el sexo como lo estás tú o acabarás profundamente frustrado. Por otro lado, consideras que el sexo es un tema muy íntimo y no apto para conversaciones intrascendentes. Algunas personas con esta configuración deciden abstenerse por completo, con frecuencia porque así se complican menos la vida.

Marte Natal en Sagitario

Cuanto más rutinaria o predecible se vuelva tu vida sexual, más frustrado estarás. Anhelas aventura y espontaneidad, por lo que necesitas una pareja que comparta tu deseo de hacer que el sexo sea divertido e interesante. También ha de ser capaz de reírse de sí mismo o su falta de sentido del humor te acabará alejando. Estás dispuesto a asumir ciertos riesgos para mantener el fuego de tu vida sexual y evitar que se vuelva monótona. También es vital que dispongas de cierta independencia y que no se espere que des cuenta de todos los minutos que pasas sin tu pareja. ¿Quién querría eso?

Marte natal en Capricornio

¡Las apariencias engañan! Aunque da la impresión de que eres conservador, cauto y, quizás, incluso algo remilgado en ocasiones, todo eso puede cambiar cuando estás con la persona adecuada tras una puerta cerrada. O una puerta abierta, si es lo que prefieres, poque esta configuración de Marte puede ser muy erótica y sexi. Sin embargo, incluso la relación sexual más ardiente se apagará si la otra persona te avergüenza en demasiadas ocasiones. Algunas personas con esta configuración se pueden acostar con alguien si creen que las ayudará a avanzar o a establecer contactos sociales importantes.

Marte natal en Acuario

No te gusta seguir las normas ni ser predecible, por lo que tu concepción del sexo puede cambiar de un día para otro. Hace que la vida sea interesante, pero también significa que tu pareja ha de ser flexible, tolerante y capaz de adaptarse a tu tendencia a dar una de cal y otra de arena y no tomárselo como algo personal. La idea del sexo convencional te produce urticaria, así que necesitas una pareja con la misma actitud innovadora y aventurera que tú. Quizás también tenga que aceptar algún que otro desliz sexual, pero recuerda que, aunque para ti no signifique nada, es posible que a él o ella le importe, y mucho.

Marte natal en Piscis

Cuando estás con la persona adecuada, el sexo puede ser una manera fantástica de escapar de la monotonía y de los problemas de la vida cotidiana. Idealmente, debería ser romántico, espiritual y seductor. Es posible que sea más una comunión entre almas que un acto meramente físico. No te opones a los juegos sexuales, como los juegos de rol, porque conectan con tu anhelo de fantasía. Sin embargo, has de tener cuidado y asegurarte de que esos juegos no te lleven a situaciones peligrosas. Aunque te gusta la idea de la fidelidad, es posible que, en ocasiones, tentaciones irresistibles te impidan ponerla en práctica.

Venus en Aries combinado con Marte

Hasta ahora, hemos examinado por separado las características de Venus y Marte en tu carta astral. Ahora, las combinaremos y veremos qué más te pueden decir acerca de qué significan para ti el sexo y el amor y de cómo los pones en práctica.

Venus en Aries y Marte en Aries

Apasionado y vital; polémico e impulsivo; impaciente; sexi y seductor, pero no siempre fiel.

Venus en Aries y Marte en Tauro

Tauro ejerce una influencia estabilizadora sobre Aries; necesidad de contacto físico; afectuoso y sensual.

Venus en Aries y Marte en Géminis

Vital, animoso e impaciente; seductor; siempre interesado en ideas y actividades nuevas, por lo que eres un compañero entretenido e innovador en la cama.

Venus en Aries y Marte en Cáncer

Muy motivado, con necesidad de avanzar; fantástico para colaboraciones profesionales; tu dependencia causa tensiones domésticas.

Venus en Aries y Marte en Leo

Entusiasta, amante de la diversión, efusivo; juguetón y afectuoso; creativo; romántico y cariñoso.

Venus en Aries y Marte en Virgo

La impaciencia y el desorden de Aries chocan con el perfeccionismo y el orden de Virgo; posibilidad de discusiones y enfrentamientos.

Venus en Aries y Marte en Libra

Necesidad de equilibrio entre el interés personal y la atención a los demás; las relaciones son volátiles y pueden ser pasajeras.

Venus en Aries y Marte en Escorpio

Apasionado, emociones intensas y muy cargadas; gran necesidad sexual; la ira ha de ser expresada, no reprimida.

Venus en Aries y Marte en Sagitario

Entretenido, emprendedor, entusiasta; disfrutas de aventuras y de probar cosas nuevas; idealista en el amor.

Venus en Aries y Marte en Capricornio

Centrado, determinado, orientado al trabajo; Aries anima a Capricornio; el anhelo de éxito y de logro puede interferir con las relaciones.

Venus en Aries y Marte en Acuario

Necesidad de independencia; amistoso y sociable; se te da bien concebir ideas y planes novedosos.

Venus en Aries y Marte en Piscis

Sensible, te sientes dolido con facilidad a pesar de que pueda parecer lo contrario; puedes tener expectativas poco realistas respecto a los demás.

Venus en Tauro combinado con Marte

¿Qué descubrirás cuando leas acerca de tu signo de Marte combinado con Venus en Tauro?

Venus en Tauro y Marte en Aries

Te irritas con rapidez, pero tardas en enfadarte de verdad; afectuoso y amable; necesidad de estabilidad frente al deseo de emoción.

Venus en Tauro y Marte en Tauro

Táctil, sensual, muy sexual y apasionado; relajado y tranquilo; tendencia a la posesividad.

Venus en Tauro y Marte en Géminis

Te aburres con facilidad ante la rutina emocional o sexual, por lo que puedes tener la tentación de descarriarte; quizás mejor amigo que amante.

Venus en Tauro y Marte en Cáncer

Necesidad profunda de seguridad física y emocional; reticencia a dejar nada a la suerte o a asumir riesgos; muy sensual.

Venus en Tauro y Marte en Leo

Afectuoso, cariñoso y amable; considerado con tus seres queridos; profundas reservas de pasión.

Venus en Tauro y Marte en Virgo

Centrado, estable y metódico; tendencia hacia lo conocido, aunque hayas perdido la chispa o el interés inicial.

Venus en Tauro y Marte en Libra

Solemne en la superficie, pero muy sensual y seductor en privado; te puedes mostrar reticente a poner fin a una relación.

Venus en Tauro y Marte en Escorpio

Una combinación potente y de gran intensidad emocional; necesidad profunda de expresión sexual satisfactoria; terrenal y apasionado.

Venus en Tauro y Marte en Sagitario

Un choque complejo entre la necesidad de seguridad de Tauro y el deseo de espacio abierto de Sagitario, por lo que puedes enviar mensajes contradictorios a tu pareja.

Venus en Tauro y Marte en Capricornio

Ética y motivación profesional potentes; afectuoso, pero reservado emocionalmente; profundos valores familiares.

Venus en Tauro y Marte en Acuario

Tensión interior entre las necesidades emocionales de Tauro y la independencia de Acuario; puedes ser obstinado.

Venus en Tauro y Marte en Piscis

Afectuoso, compasivo y considerado; sensible e impresionable; comprensivo en las relaciones.

Venus en Géminis combinado con Marte

¿Qué le sucede a un Venus en Géminis cuando Marte aparece en escena?

Venus en Géminis y Marte en Aries

Seductor, sociable y amistoso; necesidad de poner en práctica ideas interesantes; es posible que adoptes una actitud relajada respecto a la fidelidad.

Venus en Géminis y Marte en Tauro

Emociones sosegadas reforzadas por deseos terrenales; hay que evitar la posesividad en la pareja.

Venus en Géminis y Marte en Géminis

Inteligente, vital, activo y eternamente joven; te sientes ahogado cuando las emociones son muy intensas.

Venus en Géminis y Marte en Cáncer

La ligereza de Géminis adquiere profundidad gracias al cuidado y al afecto de Cáncer; tendencia al mal humor.

Venus en Géminis y Marte en Leo

Sociable, entretenido y vital; gran necesidad de comunicar con los demás y de demostrar afecto profundo; creativo.

Venus en Géminis y Marte en Virgo

Grandes habilidades de comunicación; inteligente y analítico; te cuesta sentirte cómodo expresando emociones fuertes.

Venus en Géminis y Marte en Libra

Elocuente, inteligente y encantador; te gusta mantener un estilo emocional ligeramente desapegado; necesitas ingenio y chispa.

Venus en Géminis y Marte en Escorpio

La intensidad de Escorpio choca con la ligereza de Géminis; bueno en las relaciones profesionales; necesitas una pareja que te haga pensar.

Venus en Géminis y Marte en Sagitario

Fascinado por la vida y por la gente; don para la amistad; te encanta explorar ideas e intereses nuevos; no siempre eres fiel.

Venus en Géminis y Marte en Capricornio

Actitud racional y reserva emocional; la seriedad de Capricornio templa la chispa de Géminis.

Venus en Géminis y Marte en Acuario

Excéntrico, interesante e inteligente; gran deseo de independencia; disfrutas junto a espíritus afines; necesitas una pareja inteligente.

Venus en Géminis y Marte en Piscis

Mutable, fluido y te aburres con facilidad; eres un poco picaflor, pero también eres capaz de emociones profundas.

Venus en Cáncer combinado con Marte

Si tu Venus está en Cáncer, ¿qué influencia ejerce Marte en tu actitud ante el amor y el sexo?

Venus en Cáncer y Marte en Aries

Tenaz y decidido; a la defensiva bajo presión; las necesidades emocionales chocan con el deseo de independencia.

Venus en Cáncer y Marte en Tauro

Gran necesidad de seguridad física y emocional; extraordinariamente sensual y afectuoso; necesitas una vida doméstica feliz.

Venus en Cáncer y Marte en Géminis

El anhelo de estabilidad emocional choca con el deseo de variedad; te encanta coleccionar personas y cosas.

Venus en Cáncer y Marte en Cáncer

Muy emocional, con una profunda necesidad de estabilidad y seguridad domésticas; malhumorado y sensible; capaz de gran pasión con la pareja adecuada.

Venus en Cáncer y Marte en Leo

Disfrutas creando un hogar feliz y pones énfasis en la vida familiar; cariñoso, afectuoso y leal; quieres que te cuiden.

Venus en Cáncer y Marte en Virgo

Profunda necesidad emocional contrapuesta a una actitud sensata; cuidas muy bien de los demás, pero también te has de dejar cuidar.

Venus en Cáncer y Marte en Libra

Te encanta tener a alguien de quien cuidar; necesitas a los demás y te cuesta acabar con una relación.

Venus en Cáncer y Marte en Escorpio

Muy emocional, pero intentas no demostrarlo; puedes ser celoso y ponerte a la defensiva.

Venus en Cáncer y Marte en Sagitario

El amor por la libertad de Sagitario confunde al inseguro Cáncer; capaz de gran perspicacia y comprensión; evita caer en la monotonía sexual.

Venus en Cáncer y Marte en Capricornio

Gran necesidad de crear una vida doméstica segura; tendencia a preocuparte, sobre todo en relación con tus seres queridos.

Venus en Cáncer y Marte en Acuario

Complicada combinación de emoción profunda y de racionalidad intensa; se te da bien luchar por los demás.

Venus en Cáncer y Marte en Piscis

Los demás te afectan mucho; captas los estados de ánimo y las emociones subyacentes; necesidad de sentirte querido.

Venus en Leo combinado con Marte

Si tienes a Venus en Leo, estás a punto de descubrir si la combinación con tu Marte hace saltar las chispas sexuales.

Venus en Leo y Marte en Aries

Dramático, vital y vivaz; necesidad de emoción y de elogios; sociable y extrovertido; fogoso, sexi y apasionado.

Venus en Leo y Marte en Tauro

Necesitas sentirte amado y valorado; reticencia y cautela ante los cambios innecesarios; puedes ser obstinado.

Venus en Leo y Marte en Géminis

Brillante, interesado por la vida y gran conversador; el ingenio de Géminis da chispa a la calidez de Leo y te convierte en una compañía animada y entretenida.

Venus en Leo y Marte en Cáncer

Necesitas un refugio doméstico feliz y enriquecedor donde aislarte del mundo; muy centrado en la familia y en los amigos; el sexo es una expresión emocional importante para ti.

Venus en Leo y Marte en Leo

Solemne y seguro de ti mismo; necesitas una pareja de la que sentirte orgulloso y que se sienta igualmente orgullosa de ti; afectuoso, efusivo y obstinado.

Venus en Leo y Marte en Virgo

El autocontrol de Virgo templa el afecto de Leo; puede ser muy sexi en privado; un organizador nato.

Venus en Leo y Marte en Libra

Gran necesidad de relaciones personales y profesionales armoniosas; afectuoso y amable; puedes ser sutilmente controlador.

Venus en Leo y Marte en Escorpio

Muy emotivo e intenso; una pareja orgullosa y leal; apasionado y efusivo.

Venus en Leo y Marte en Sagitario

Amante de la diversión, juguetón y con gran sentido del humor; interesado en explorar el mundo; optimista.

Venus en Leo y Marte en Capricornio

La reserva de Capricornio templa la calidez de Leo; gran motivación de éxito y de logro; un buen compañero de trabajo; te puedes sentir atraído por personas con estatus e influencia.

Venus en Leo y Marte en Acuario

Te mueves entre un afecto intenso y una actitud más distante; puedes ser dogmático e intransigente.

Venus en Leo y Marte en Piscis

Afectuoso y efusivo; idealista y romántico, por lo que tiendes a sentirte decepcionado por los demás; necesitas una pareja que valore tu talento artístico y creativo.

Venus en Virgo combinado con Marte

¿Cómo influye la ubicación de tu Marte si tu Venus está en Virgo?

Venus en Virgo y Marte en Aries

La modestia y la reserva de Virgo chocan con la impulsividad y la urgente necesidad sexual del dinámico Aries; si lo sabes gestionar, tu vida sexual puede ser muy entretenida.

Venus en Virgo y Marte en Tauro

Modesto y humilde; amas con serenidad y eres fiel; se te da muy bien hacer las cosas sin armar revuelo.

Venus en Virgo y Marte en Géminis

Inteligente y comunicativo; rebosante de energía nerviosa; estilo emocional ligeramente distante y desapegado.

Venus en Virgo y Marte en Cáncer

Se te da bien cuidar de tus seres queridos, pero tiendes a apabullar y a chinchar; la persona ideal en momentos de crisis.

Venus en Virgo y Marte en Leo

Afectuoso y atento; te das cuenta de los pequeños detalles en las relaciones; solemne; te preocupas por el bienestar de los demás.

Venus en Virgo y Marte en Virgo

Puedes estar nervioso, tenso y ansioso; meticuloso y cauto, pero también puedes ser muy imaginativo sexualmente en privado; las críticas de tus seres queridos pueden herir tus sentimientos.

Venus en Virgo y Marte en Libra

Apoyas a tu pareja; te puede costar mostrar tus emociones, sobre todo si crees que son irracionales y perturbadoras.

Virgo en Venus y Marte en Escorpio

Gran necesidad de analizar y de diseccionar las situaciones en las relaciones; puedes ser desinhibido sexualmente detrás de puertas cerradas.

Venus en Virgo y Marte en Sagitario

Inquisitivo e interesado por los demás; para que la relación dure, tu pareja ha de ser inteligente y buena conversadora.

Venus en Virgo y Marte en Capricornio

Práctico, eficiente y motivado; el trabajo y otras responsabilidades pueden interferir con tu vida privada y familiar.

Venus en Virgo y Marte en Acuario

Desapegado emocionalmente y poco efusivo, a pesar de emociones profundas; disfrutas de los debates y de las discusiones.

Venus en Virgo y Marte en Piscis

Sensible y muy impresionable, por lo que estás en sintonía con tu pareja; el autocontrol de Virgo puede reforzar los fluidos límites de Piscis.

Venus en Libra combinado con Marte

Con Venus en Libra, ¿qué sucede cuando añades una dosis de Marte a la ecuación?

Venus en Libra y Marte en Aries

La cortesía de Libra choca con la brusquedad de Aries; anhelas una relación sólida, pero te has de adaptar a las necesidades de tu pareja.

Venus en Libra y Marte en Tauro

Afectuoso, seductor y muy sensual; disfrutas de lo bueno de la vida; afectuoso y cariñoso.

Venus en Libra y Marte en Géminis

Elocuente, encantador, diplomático; te encanta el romance, pero necesitas tu espacio; tu pareja ha de ser inteligente.

Venus en Libra y Marte en Cáncer

Romántico y afectuoso; la sentimentalidad de Cáncer puede abochornar a Libra; sorprendentemente posesivo, lo que puede causar problemas.

Venus en Libra y Marte en Leo

Elegante, sofisticado; afectuoso, considerado y romántico; necesitas una pareja atractiva y con buenos modales.

Venus en Libra y Marte en Virgo

Aplomo y elegancia; necesitas una relación íntima, pero la puedes complicar si eres demasiado crítico.

Venus en Libra y Marte en Libra

Considerado y educado; muy dependiente de los demás para ser feliz; anhelas una relación estable.

Venus en Libra y Marte en Escorpio

La necesidad de Libra de juego limpio frente a la necesidad de ganar de Escorpio; emociones tumultuosas, con frecuencia contenidas.

Venus en Libra y Marte en Sagitario

De trato fácil y cortés, pero con frecuencia impulsivo y de una honestidad brutal; tu pareja ha de ser inteligente e ingeniosa.

Venus en Libra y Marte en Capricornio

Expresas las emociones con cuidado por lo que puedan pensar los demás, lo que puede llevar a que las reprimas.

Venus en Libra y Marte en Acuario

La profunda necesidad de relaciones se opone al deseo de independencia; te gustan las personas inteligentes e interesantes.

Venus en Libra y Marte en Piscis

Idealista, romántico y emocionalmente vulnerable; herido con facilidad; evitas enfrentarte a los problemas de la relación y haces como si todo fuera bien.

Venus en Escorpio combinado con Marte

Las personas con Venus en Escorpio descubrirán aquí qué sucede cuando Marte hace su aparición.

Venus en Escorpio y Marte en Aries

Intensidad emocional, tendencia a reprimir las emociones perturbadoras o explosivas hasta que por fin explotan en un estallido sexual o de furia.

Venus en Escorpio y Marte en Tauro

Experimentas emociones profundas, pero te cuesta expresarlas; ten cuidado con los celos y con alejar a tu pareja.

Venus en Escorpio y Marte en Géminis

Las profundas necesidades de Escorpio chocan con el deseo de ligereza de Géminis; no te aburrirás nunca con la persona adecuada.

Venus en Escorpio y Marte en Cáncer

Sientes amor y afecto profundos; instinto protector, pero tu deseo de controlar a los demás te traerá problemas.

Venus en Escorpio y Marte en Leo

La dignidad de Leo impide que Escorpio manifieste totalmente sus turbulentas emociones; apasionado, sexi; puedes ser posesivo y mandón.

Venus en Escorpio y Marte en Virgo

La reserva de Virgo enfría el anhelo de emoción profunda de Escorpio; interesado en lo que motiva a los demás.

Venus en Escorpio y Marte en Libra

La necesidad de dramatismo y de escenas airadas repele a Libra; has de tener un propósito en la vida; el sexo puede ser caliente como el fuego o frío como el hielo.

Venus en Escorpio y Marte en Escorpio

Potencia emocional y sexual; emociones intensas que pueden ser difíciles de gestionar, por lo que a veces las reprimes.

Venus en Escorpio y Marte en Sagitario

La necesidad de intensidad emocional contrasta con el anhelo de independencia; necesitas una causa o un propósito.

Venus en Escorpio y Marte en Capricornio

Muy motivado y ambicioso; sientes emociones profundas pero te cuesta expresarlas, lo que puede confundir a tu pareja.

Venus en Escorpio y Marte en Acuario

Intenso y potente, con ideas muy claras; el conflicto de intereses emocionales puede provocar confusión en las relaciones.

Venus en Escorpio y Marte en Piscis

Emociones intensas que te pueden abrumar; carismático y encantador; las aguas tranquilas ocultan corrientes profundas.

Venus en Sagitario combinado con Marte

Suma la ubicación de tu Marte a tu Venus en Sagitario y ahonda en el conocimiento de ti mismo.

Venus en Sagitario y Marte en Aries

Vivaz, chispeante y lleno de entusiasmo; seductor e impetuoso; a veces, disfrutas de la caza más que de la conquista sexual final.

Venus en Sagitario y Marte en Tauro

Despreocupación templada por la necesidad de estabilidad y de seguridad; independencia frente a posesividad, por lo que necesitas una pareja que te comprenda.

Venus en Sagitario y Marte en Géminis

Relajado, vital; te molesta sentirte atrapado o atado; interesado por las personas y por la vida.

Venus en Sagitario y Marte en Cáncer

Necesidad de moverte con libertad para luego regresar a un espacio seguro; generoso y afectuoso.

Venus en Sagitario y Marte en Leo

Efusivo, dramático y lleno de personalidad; te puedes enfadar con facilidad, pero eso hace más divertidas las reconciliaciones; fantástico como amigo y como pareja.

Venus en Sagitario y Marte en Virgo

Combinación incómoda entre la relajación de sagitario y el perfeccionismo de Virgo; te interesan las ideas y, con frecuencia, te interesa más la mente que el cuerpo de tu pareja.

Venus en Sagitario y Marte en Libra

Inteligente y elocuente; afectuoso y espontáneo; las relaciones te han de proporcionar estimulación mental además de física.

Venus en Sagitario y Marte en Escorpio

Sientes en profundidad y te enfadas con rapidez; has de encontrar un propósito espiritual en la vida y una relación profunda.

Venus en Sagitario y Marte en Sagitario

Amante de la diversión, espontáneo, optimista; generoso; el intenso deseo de explorar el mundo hace de ti una pareja aventurera.

Venus en Sagitario y Marte en Capricornio

El entusiasmo y la emoción de Sagitario adquieren profundidad con Capricornio; puedes ser sorprendentemente ambicioso.

Venus en Sagitario y Marte en Acuario

Te encantan las actividades intelectuales; cálido y afectuoso; tu pareja también ha de ser tu amiga.

Venus en Sagitario y Marte en Piscis

Idealista y optimista; mutable y versátil, te aburres con facilidad; te encanta viajar y explorar ideas nuevas; sexualmente aventurero.

Venus en Capricornio combinado con Marte

Estos son los resultados cuando Venus en Capricornio se combina con las distintas configuraciones de Marte.

Venus en Capricornio y
Marte en Aries

Trabajador y motivado; puede sacrificar el amor en aras de la ambición; intenso deseo sexual tras puertas cerradas.

Venus en Capricornio y
Marte en Tauro

Emociones reservadas, pero profundas; presta atención a no ser posesivo o materialista.

Venus en Capricornio y
Marte en Géminis

Humor ácido y cierto desapego; las grandes demostraciones de emoción te avergüenzan.

Venus en Capricornio y
Marte en Cáncer

Reticente a demostrar tus emociones, intentas ocultar las emociones profundas; los vínculos familiares sólidos son esenciales para ti.

Venus en Capricornio y Marte en Leo

Solemne y seguro de ti mismo; preocupado por dar buena imagen; apoyas y amas con discreción.

Venus en Capricornio y
Marte en Virgo

Tímido, reservado; te asusta que te hagan daño, por lo que prefieres la lógica y los hechos a las emociones.

Venus en Capricornio y
Marte en Libra

Centrado, de fiar, trabajador; quieres dar buena impresión y ganarte el respeto de los demás; apoyas mucho a tu pareja.

Venus en Capricornio y
Marte en Escorpio

Callado, serio; un caldero de emociones profundas que hierve a fuego lento bajo una superficie serena y tranquila; ardiente en privado.

Venus en Capricornio y
Marte en Sagitario

Te incomoda mostrar tus emociones, pero has de expresar la calidez de Sagitario.

Venus en Capricornio y
Marte en Capricornio

Controlas las emociones; la efusividad emocional te molesta; cariñoso y afectuoso con serenidad.

Venus en Capricornio y
Marte en Acuario

Racional; te tomas la vida y el amor en serio; reservado y poco efusivo; necesitas espacio para respirar.

Venus en Capricornio y
Marte en Piscis

Dividido entre aislarte y ser cauto o ser más abierto y afectuoso; la lógica frente al instinto.

Venus en Acuario combinado con Marte

Cuando Venus está en Acuario, interpretar la ubicación de tu Marte te puede decir mucho acerca de tu estilo amoroso.

Venus en Acuario y Marte en Aries

Independiente, amante de la libertad; el desapego de Acuario contrasta con el entusiasmo y el afecto de Aries.

Venus en Acuario y Marte en Tauro

Leal y de confianza; amigo devoto; puedes ser obstinado e intransigente; respetas valores sinceros y firmes.

Venus en Acuario y Marte en Géminis

Inteligente, astuto; te encanta comunicarte con los demás; las situaciones de gran intensidad emocional te incomodan.

Venus en Acuario y Marte en Cáncer

Combinación incómoda entre la independencia de Acuario y la dependencia de Cáncer; deseo de cuidar del mundo, lo que puede provocar la posesividad o los celos de tu pareja.

Venus en Acuario y Marte en Leo

Cálido y afectuoso, pero tienes dificultades para ser abiertamente demostrativo; necesitas sentirte orgulloso de tu pareja.

Venus en Acuario y Marte en Virgo

Necesidad de crear distancia emocional con los demás en ocasiones; amable y leal, pero te puedes mostrar frío.

Venus en Acuario y Marte en Libra

Inteligente y buen conversador; dividido entre cierto desapego y el deseo de crear armonía en todas tus relaciones.

Venus en Acuario y Marte en Escorpio

Te incomoda que los demás superen tu radar emocional; necesidad de mantener barreras y límites; obstinado.

Venus en Acuario y Marte en Sagitario

Amistoso, extrovertido, sociable; necesidad de libertad emocional y de que las exigencias de los demás no interfieran contigo.

Venus en Acuario y Marte en Capricornio

Fantástico a la hora de abordar tanto las ideas como las cuestiones prácticas, pero dificultad para expresar las emociones.

Venus en Acuario y Marte en Acuario

Emocionalmente independiente; quizás más cómodo con amistades que con relaciones de pareja complicadas.

Venus en Acuario y Marte en Piscis

La sensibilidad de Piscis compensa la frialdad de Acuario; potentes instintos e impulsos humanitarios.

Venus en Piscis combinado con Marte

¿Qué sucede cando combinas a Venus en Piscis con la ubicación de tu Marte?

Venus en Piscis y Marte en Aries

La fuerza y la determinación de Aries apuntalan al vulnerable Piscis; tus emociones te pueden confundir.

Venus en Piscis y Marte en Tauro

Profunda necesidad de seguridad y de confianza emocional; cariñoso, amable y afectuoso; orientado a la familia.

Venus en Piscis y Marte en Géminis

Impresionable, imaginativo, mutable; las parejas y los amigos te han de atraer emocional e intelectualmente.

Venus en Piscis y Marte en Cáncer

A veces, te pones a la defensiva cuando las emociones te abruman; amable, cariñoso y afectuoso; necesitas alguien a quien cuidar o a quien adorar.

Venus en Piscis y Marte en Leo

Inmensamente creativo y artístico; intenso deseo de expresión personal; anhelas glamur y emoción en las relaciones.

Venus en Piscis y Marte en Virgo

Posible choque entre las emociones fluidas y los deseos prácticos; altas expectativas; te gusta rescatar a los demás.

Venus en Piscis y Marte en Libra

El idealismo romántico puede llevar a esperanzas truncadas; la vida amorosa ha de ser perfecta; afectuoso; evitas las escenas molestas o difíciles.

Venus en Piscis y Marte en Escorpio

Emociones e impulsos profundos que pueden ser difíciles de expresar o de gestionar; quieres relaciones que signifiquen algo.

Venus en Piscis y Marte en Sagitario

Versátil, mutable, te aburres con facilidad; puedes aprender mucho de las relaciones; fácilmente consumido y atrapado por la emoción.

Venus en Piscis y Marte en Capricornio

La sensibilidad y la vulnerabilidad de Piscis se combinan con el sentido común de Capricornio; necesitas una pareja en la que puedas confiar.

Venus en Piscis y Marte en Acuario

El racional Acuario dota de estructura a las cambiantes emociones de Piscis; don para la amistad; necesitas cuidar de otros.

Venus en Piscis y Marte en Piscis

Posibles dificultades para afrontar emociones siempre cambiantes o abrumadoras; idealista, romántico, escapista.

¿A quién amas?

Tu Venus natal tiene mucho que decir acerca del tipo de persona a la que quieres, ya se trate de tu pareja, de un amigo o de un miembro de tu familia. Y, por supuesto, puedes buscar el signo de Venus de otra persona para averiguar qué busca en ti.

Venus natal en Aries

Además de a ti mismo, amas a todo el que sea divertido, espontáneo y tienda a la aventura y a la impetuosidad. Quien sea demasiado predecible o aburrido no llegará muy lejos contigo. También desconectas ante la mezquindad y la estrechez de miras, sea quien sea el que esté contando los céntimos.

Venus natal en Tauro

Anhelas alguien honesto y leal en quien puedas confiar. Necesitas saber que puedes contar con los demás, porque siempre existe el peligro de que alguien demasiado inconstante te decepcione. Anhelas amigos, familiares y compañeros de trabajo leales y una pareja apasionada y sexi.

Venus natal en Géminis

Tus amigos y parejas potenciales han de tener algo en común: cerebro. Las palabras y los pensamientos te seducen tanto o más que el aspecto o la conducta. Necesitas una pareja que te valore, que no te quiera cambiar y a quien no le importe que coquetees con otros de vez en cuando.

Venus natal en Cáncer

Te atraen las personas afectuosas y amables o de las que sospechas que necesitan cuidados y mimos, para envolverlas con tu estilo particular de afecto como si de una manta se tratara. Las personas demasiado bruscas o emocionalmente distantes te incomodan y hacen que te vuelvas reservado.

Venus natal en Leo

En el fondo, crees que el otro ha de demostrar que es digno de tu amor antes de que se lo puedas entregar del todo. Sin embargo, cuando lo haces, eres leal y comprensivo y le proporcionas apoyo y aliento. Te atraen las personas creativas, entretenidas y afectuosas. Te gusta sentirte orgulloso de tus seres queridos.

Venus natal en Virgo

Todo el que sea bueno en lo suyo consigue tu voto. También ha de ser ordenado, limpio, tener buen aspecto y estar dispuesto a prestarte ayuda. Las personas que te animan a abrirte emocionalmente te van bien, porque te enseñan a dejar fluir tus emociones en lugar de analizarlas continuamente.

Venus natal en Libra

Si alguien se quiere ganar tu amistad o tu amor, más le vale ser inteligente, elocuente y atractivo y tener buenos modales. Si no tiene cerebro además de belleza, te aburrirás pronto. También necesitas estar con personas que entiendan lo sensible que eres y lo fácil que es hacerte daño.

Venus natal en Escorpio

No te interesan las personas superficiales ni los picaflor. Buscas compromiso, propósito y lealtad y te pegas como una lapa cuando encuentras a alguien con estas cualidades. Tu pareja ha de saber cómo capear tus intensas tormentas emocionales.

Venus natal en Sagitario

No te importa en absoluto el estatus social o económico que pueda tener alguien. Lo que te interesa es su cerebro. ¿Es interesante hablar con ellos? ¿Te hacen pensar? Y, lo más importante, ¿te entienden? Tu pareja ideal ha de ser inteligente, entretenida, positiva y alentadora.

Venus natal en Capricornio

Algunas personas con esta configuración se casarán por dinero o por poder. Incluso si eso es ir demasiado lejos, para que alguien te atraiga ha de tener cierto elemento de respetabilidad o de estatus. También ha de ser sensato, maduro y elegantemente sexi. Si, además, tiene tu ácido sentido del humor, será la guinda de pastel.

Venus natal en Acuario

Es casi imposible que te enamores de alguien que te caiga mal, por lo que tu amigo se puede convertir en tu pareja y tu pareja se puede convertir en tu amigo si la pasión inicial se desvanece. Toda persona importante para ti ha de ser inteligente, ingeniosa y tener buena conversación; de otro modo, no te interesa.

Venus natal en Piscis

Las personas a las que quieres han de ser amables, consideradas y agradables. Idealmente, también deberían ser atractivas, sobre todo si tienes intenciones románticas respecto a ellas. Si tienes creencias sólidas, como valores espirituales, disfrutas compartiéndolas con tus amigos, con tu familia y con tu pareja.

Dar el primer paso

Hacer saber a alguien que te interesa o dar el primer paso puede resultar abrumador. Conecta con la energía del signo de Marte actual para saber qué hacer y (quizás aún más importante) qué no. Averigua dónde está Marte en estos momentos consultando el final del libro o un programa, aplicación o sitio web de astrología y busca el signo a continuación.

Cuando Marte está en Aries

¡Bum! Sientes una atracción y un deseo casi irrefrenables y estás desesperado por pasar a la acción. Intenta no ser demasiado insistente ni presionar en exceso, por si la otra persona no siente lo mismo por ti. Esto se podría convertir en una historia breve más que en una relación a largo plazo.

Cuando Marte está en Tauro

Este no es un buen momento para tomar decisiones impulsivas. Tómate las cosas con calma para estar seguro de dónde pisas. Si vas a organizar una cita, opta por un lugar romántico y sensual, como un picnic de lujo en un paraje privado o una deliciosa cena a la luz de las velas.

Cuando Marte está en Géminis

En estos momentos, es posible que la conversación o la inteligencia del otro te atraigan más que su aspecto físico. Las conversaciones, correos electrónicos y mensajes de texto seductores e ingeniosos te excitan y pueden desembocar en sexo, pero no necesariamente en una relación estable. ¿Se podría tratar de una diversión pasajera?

Cuando Marte está en Cáncer

Aunque normalmente seas muy directo, quizás descubras que no sabes qué decir o que das muchas vueltas antes de pedirle una cita a alguien. Una comida deliciosa es imprescindible cuando elijas el lugar de la primera cita e, idealmente, también debería ser un lugar tradicional o histórico.

Cuando Marte está en Leo

Necesitas mantener la dignidad cuando intentas ligar con alguien o le pides una cita. Propón algo que ofrezca cierto lujo, como una cena en el mejor restaurante que te puedas permitir. Evita todo lo que anuncie «tacañería». Este no es el momento de contar los céntimos.

Cuando Marte está en Virgo

Es el momento ideal para quedar con un compañero o con alguien a quien hayas conocido en el trabajo. Sin embargo, es posible que reunir el valor necesario para dar ese primer paso tan importante te sea difícil, por miedo al rechazo o al bochorno. Ve poco a poco.

Cuando Marte está en Libra

No te sorprendas si no te acabas de decidir a dar el primer paso. Es un caso típico de la indecisión de Libra. Si le pides una cita a alguien, asegúrate de que tienes buen aspecto y de que sugieres un lugar elegante y agradable, no improvisado.

Cuando Marte está en Escorpio

Es posible que antes de pedirle una cita a nadie reflexiones y planifiques en profundidad. Intenta no angustiarse por cómo saldrá ni te vuelvas desconfiado (ni te enfades) si no obtienes la respuesta que buscabas. Cuéntalo como un aprendizaje y pasa página.

Cuando Marte está en Sagitario

¡Adelante! No es el momento para ser precavido ni para ir sobre seguro. Es posible que incluso te encuentres con que has dicho lo que querías sin casi ser consciente de ello. Sugiere una gastronomía interesante y en absoluto aburrida o predecible, por ejemplo, una cena en un restaurante exótico.

Cuando Marte está en Capricornio

¿Te atreverás o serás rechazado? Intenta que el miedo no se interponga entre tú y la persona con la que quieres salir, porque es posible que te sorprendas gratamente cuando te diga que sí. Elige un lugar clásico o impresionante, al tiempo que desenfadado y relajado.

Cuando Marte está en Acuario

Es posible que os conozcáis a través de amigos comunes. Si buscas una manera de romper el hielo, identifica un objetivo o interés que tengáis en común. Este no es el momento de presionar demasiado, por lo que tómatelo con calma. Eso sí, no te muestres tan distante que el otro pueda llegar a creer que te cae mal.

Cuando Marte está en Piscis

No permitas que la timidez o la inseguridad te impidan dar el primer paso. Es una fase fantástica para los pequeños gestos románticos y los actos de amabilidad. Una cita ideal podría ser ir al cine o al ballet, salir a bailar, visitar una galería de arte o disfrutar de una cena a la luz de las velas.

Amor, dulce amor

Averiguar la astrología del momento en el que conoces a alguien o del momento en el que la relación hace clic de verdad te dirá mucho acerca de lo que sucede. El signo que ocupe Venus en ese momento te indicará el tipo de amor o de amistad que puedes esperar. Consulta la parte final del libro o busca en línea para descubrir el signo por el que Venus transita.

Cuando Venus está en Aries

Todo va muy rápido. Un día quedáis para tomar un café y, al siguiente, ya vivís juntos. La relación será interesante y alegre, tanto si es romántica como de amistad, pero no dejes que el idealismo excesivo acerca de cómo deberían ser las cosas interfiera con cómo son en realidad.

Cuando Venus está en Tauro

Esta relación girará en torno a vínculos emocionales sólidos y reconfortantes. Querréis forjar un vínculo profundo el uno con el otro, pero no esperes que suceda de la noche a la mañana. Lento pero seguro, así ganarás esta carrera. Presta atención a las señales de posesividad.

Cuando Venus está en Géminis

Toda relación que comience bajo esta configuración tiene muchas conversaciones por delante. Tendréis mucho que deciros, incluyendo poneros al día del último chisme, ya sea en persona, por teléfono o por internet. También es muy probable que hagáis salidas cortas, ya sean excursiones de un día o maratones de compras.

Cuando Venus está en Cáncer

No te sorprendas si pasáis mucho tiempo comiendo, cocinando y, en general, estando cómodos en casa. Si os vais a vivir juntos, el hogar será un espacio donde refugiaros del mundo. La familia es un elemento importante de la relación, tanto si son niños como mascotas.

Cuando Venus está en Leo

Prepárate para el drama, las emociones y los grandes gestos. Esta relación será especial y vibrante, tanto si es apasionada como si es platónica. También puede ser cara, por las visitas al teatro y a restaurantes de lujo y por el intercambio frecuente de regalos caros.

Cuando Venus está en Virgo

Es una ubicación clásica para conocer a un nuevo amigo o incluso a tu verdadero amor a través del trabajo o de una actividad conectada con la salud. Es posible que las cosas comiencen despacio y siempre puede haber cierta reserva o timidez entre vosotros. Aun así, las relaciones sexuales pueden ser dinamita.

Cuando Venus está en Libra

El énfasis está en la intimidad, por lo que es posible que te dejes inundar por el romanticismo si conoces a alguien nuevo. Puede ser el comienzo de un romance maravilloso, pero también es posible que ambos tengáis tantas ganas de que salga bien que os dejéis envolver por la neblina de los sueños idealistas y hagáis caso omiso de los defectos del otro.

Cuando Venus está en Escorpio

Todas las relaciones que comiencen con Venus en Escorpio serán fuertes, complejas y dramáticas. También es muy probable que sean duraderas y este es, con toda seguridad, un buen momento para comprometerse en profundidad con alguien. La vida no volverá a ser igual.

Cuando Venus está en Sagitario

Habrá mucho de lo que hablar y, posiblemente, también mucho acerca de lo que discutir. Quizás os conozcáis en una librería, en una biblioteca, en un restaurante exótico o durante un viaje. Esta relación medrará si ofrece espacio e independencia y ponéis el énfasis en adaptaros a las necesidades y los intereses del otro.

Cuando Venus está en Capricornio

Quizás os conozcáis en el trabajo o a través de algún contacto profesional y la relación será seria y significativa desde el principio. Es una relación ligeramente contenida, formal y discreta en la superficie, aunque podéis ser una pareja leal y comprometida para toda la vida.

Cuando Venus está en Acuario

La amistad desempeñará un papel muy importante en la relación y es posible que os hayáis conocido a través de amigos comunes o que empezarais como amigos. Sea cual sea el tipo de relación que mantenéis, se caracterizará por la independencia. Es posible que también haya cierto elemento de controversia o de *shock* que dé algo de qué hablar a los demás.

Cuando Venus está en Piscis

Esta relación podría comenzar por motivos relacionados con el alcohol, el perfume, la pesca, la música o el baile. Quizás os conozcáis en una ONG o en algún proyecto humanitario. El vínculo entre vosotros siempre tendrá cierto cariz misterioso o escurridizo, si no es que tiene algún aspecto turbio.

Decir adiós

Hay relaciones que duran toda la vida y otras fugaces. Las posiciones de Venus y de Marte en tránsito (los signos del zodíaco por los que estén pasando en un momento dado) te darán información vital acerca de qué esperar, el origen del problema y si romper será complicado.

Cuando Venus está en Aries

Puede haber fuegos artificiales, sobre todo si eres tú quien toma la iniciativa de la ruptura y la otra persona se pone a la defensiva. Por el contrario, también puede suceder que todo llegue a su fin porque uno de los dos, o ambos, os aburrís y queréis pasar a otra cosa.

Cuando Venus está en Tauro

Nunca es fácil poner fin a una relación cuando Venus está en Tauro, porque esta configuración necesita estabilidad. Quizás sea mejor esperar a que Venus pase a Géminis. El fin de la relación se puede deber a problemas asociados a la posesividad, la obstinación o el dinero.

Cuando Venus está en Géminis

Si necesitas decir adiós, te será fácil hacerlo con delicadeza. También es un buen momento para despedirte con la ayuda de una carta bien escrita, pero ¡ni se te ocurra hacerlo por mensaje de texto! La coquetería, el aburrimiento o la infidelidad pueden ser los desencadenantes de la ruptura.

Cuando Venus está en Cáncer

Este no es un buen momento para cortar el vínculo con nadie. Venus en Cáncer se centra en permanecer juntos incluso si lo más conveniente es separarse. Resistid la tentación de dar aún otra oportunidad a una relación que no tiene remedio. La gota que colma el vaso podría ser una forma de amar que resulta agobiante.

Cuando Venus está en Leo

Si eres tú quien dice adiós, esfuérzate en proteger el orgullo y la autoestima del otro. Rompe con amabilidad, pero de forma honesta, e incluye algún halago para consolar a su ego dolido. Es posible que los problemas tengan que ver con el control y el autoritarismo.

Cuando Venus está en Virgo

Reunir el valor necesario para dejar a alguien puede ser un gran reto para ti. No quieres parecer maleducado y para ti es muy importante proteger las emociones del otro. Es posible que la cuerda se haya roto porque uno de los dos es excesivamente crítico, caprichoso o envarado.

Cuando Venus está en Libra

Esta configuración gira en torno a los buenos modales y a jugar en equipo, por lo que no es la mejor para una ruptura. Quizás te preocupe tanto quedarte solo para siempre o enredarte en una discusión que acabes decidiendo que seguir juntos es la opción más sencilla. Es posible que os separe el deseo exagerado de uno de los dos de complacer siempre a los demás.

Cuando Venus está en Escorpio

Las emociones son muy potentes e intensas, por lo que la experiencia de la ruptura será muy potente y difícil de olvidar, por mucho que quieras hacerlo. Resiste la tentación de caer en recriminaciones. Los encontronazos por celos o por el sexo pueden poner el último clavo en el ataúd de la relación.

Cuando Venus está en Sagitario

Quien quiera poner fin a la relación lo abordará con filosofía e insistirá en que tampoco es para tanto. Es una buena configuración para una separación civilizada y con ideales elevados acerca de cómo comportarse. Los desacuerdos acerca de tus opiniones o creencias pueden ser el problema principal.

Cuando Venus está en Capricornio

Expresar tus verdaderas emociones puede ser complicado debido a la atmósfera de contención emocional. La separación será fría y reservada. Es posible que los problemas tengan que ver con los objetivos, las responsabilidades y el trabajo.

Cuando Venus está en Acuario

Este signo de Venus propicia una separación amistosa pero distante, con ideales muy fuertes acerca de la necesidad de comportarse bien y de respetar al otro. Hay énfasis en seguir siendo amigos. Las disputas acerca de la obstinación de alguno de los miembros de la pareja, de su necesidad de tener siempre razón o de su vida social podrían ser la gota que colma el vaso.

Cuando Venus está en Piscis

Lo último que quieres es provocar malestar o herir los sentimientos de nadie, por lo que te tendrás que preparar para decir lo que sea necesario o esperar a que Venus pase a Aries. No fantasees demasiado con el lado romántico de la relación o eternizarás la despedida. Es posible que el fin de la relación se deba a problemas de confianza, de realidad y de escapismo.

Cuando Marte está en Aries

¡Agárrate que vienen curvas! Una ruptura con Marte en Aries incluirá discusiones subidas de tono y, quizás, algún que otro portazo, por lo que, si quieres evitar grandes escenas, intenta saltarte esta fase. Los problemas tendrán que ver con el mal humor, el egoísmo o las decisiones precipitadas de alguien.

Cuando Marte está en Tauro

La reticencia a cambiar el *statu quo* puede hacer que te sientas abrumado y bloqueado. Intenta no adoptar una actitud rígida ni te atrincheres en tus posiciones porque obstinarte no te ayudará en nada. Las dificultades acerca de dinero, el materialismo y los celos pueden ser la causa de la ruptura.

Cuando Marte está en Géminis

Es un buen momento para defender tu postura y decir lo que piensas, pero ten cuidado con las palabras hirientes, el sarcasmo y las batallas verbales. Es posible que, en el fragor de la batalla, digas algo de lo que te arrepientas después. Las discusiones tendrán que ver con las polémicas continuas, la coquetería o los choques de opinión.

Cuando Marte está en Cáncer

Las quejas y los comentarios se topan con una postura defensiva y con mal humor, lo que te puede complicar la tarea de explicarte. Es posible que uno de los dos se quiera aferrar a la relación, aunque lo mejor sería que hubiera terminado hace tiempo ya. Las disputas tienen que ver con cuestiones familiares, la vida doméstica y la dependencia emocional.

Cuando Marte está en Leo

Sé cuidadoso, porque vas a pisotear el ego de alguien. Atacar su autoestima rompiendo la relación con él o ella puede provocar rabietas intensas, por lo que has de hacerlo con suavidad. En este periodo, las discusiones tendrán que ver con el autoritarismo, los celos y querer estar al mando.

Cuando Marte está en Virgo

Si piensas poner fin a una relación, te has de preparar bien. Decide qué quieres decir y cómo quieres decirlo para armarte de la confianza necesaria para poner tus planes en práctica. Los desacuerdos cuando Marte está en Virgo se centran en cumplir con los compromisos, trabajar demasiado y el desorden.

Cuando Marte está en Libra

Ser justo y considerado es fundamental, sobre todo si vas a poner fin a una relación. No te sorprendas si luego dudas de la decisión o si te resulta más difícil de lo que habías anticipado. Las discusiones que surgen con Marte en Libra tienen que ver con la injusticia y con la brusquedad.

Cuando Marte está en Escorpio

Es una configuración complicada, por su intensidad de alto voltaje y por las turbulentas emociones que bullen bajo la superficie. No digas ni hagas nada que pueda provocar ira o escenas desagradables y prepárate para escuchar algunas verdades duras. Las discusiones girarán en torno a los celos, las recriminaciones y el sexo.

Cuando Marte está en Sagitario

El anhelo de libertad es muy potente cuando Marte está en Sagitario, así que es un buen momento para separarse de alguien. No entres en discusiones airadas y no uses las palabras como arma. Las discusiones tendrán que ver con la política, las diferencias de opinión y la honestidad.

Cuando Marte está en Capricornio

La ruptura puede ser una experiencia extrañamente desapasionada y casi clínica. El énfasis está en hacer las cosas bien, en determinar qué pertenece a quién y, quizás, en la preocupación por lo que puedan pensar los demás. Discutiréis acerca de la ambición, la determinación y el materialismo.

Cuando Marte está en Acuario

Es un buen momento para dejar que cada uno siga su camino, sobre todo si tenéis ideales y sueños dispares. Intenta no dejarte arrastrar a discusiones acerca de lo que tendría que haber hecho o dejado de hacer cada uno y en qué os habéis equivocado. Las discusiones se centrarán en el cambio por el cambio y en el ansia de rebelión.

Cuando Marte está en Piscis

Enfadarse es una cosa, pero expresar ese enfado es otra muy distinta. Es posible que la furia se desvanezca y te deje frustrado e incapaz de decir qué va mal. Si dejas a alguien, te puedes quedar con la sensación de que hay asuntos pendientes. Los desacuerdos tendrán que ver con el engaño, el victimismo, la adicción o nunca estar disponible.

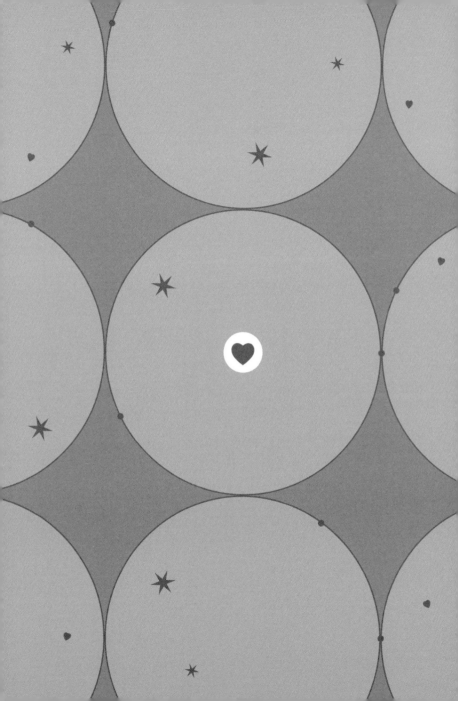

Parte seis

Conoce tus puntos fuertes

Cada signo tiene sus puntos fuertes y débiles, pero en este apartado del libro nos centraremos exclusivamente en cómo sacar el máximo partido a las fortalezas de cada uno. Aprenderás cómo el signo que ocupa tu Venus te puede ayudar a descubrir qué anhela tu corazón y averiguarás cómo tu signo de Marte revela qué quieres de la vida. Esta sección también te dirá lo que tus signos de Venus y de Marte dicen acerca de ti en el trabajo, además de lo que te irrita y de cómo mantener la paz.

También puedes dar un paso más y pensar en otras áreas de tu vida y combinarlas con el significado de tus signos de Venus y de Marte. Usa lo que ya sabes de ti como punto de partida y piensa en lo que has logrado hasta ahora. ¿Qué dice eso acerca de tus signos de Venus y de Marte y cómo puedes sacarles el máximo partido en el futuro? Descubrirás que hay muchas maneras de hacerlo.

Descubre qué anhela tu corazón

Si tu hada madrina blandiera su varita mágica y dijera que te puede conceder todos tus anhelos, ¿qué le pedirías? El signo que ocupa tu Venus natal te dará algunas pistas acerca de lo que buscas en la vida.

Venus natal en Aries

Anhelas emoción y dramatismo. La vida ha de ser una montaña rusa, pero con la posibilidad de poder bajar de vez en cuando para recuperar el aliento. En términos materiales, te encanta todo lo que te acelere el corazón, como un coche veloz o algo mecánico y ligeramente peligroso.

Venus natal en Tauro

Sueñas con una vida sencilla y sin complicaciones. Necesitas estar cómodo, por supuesto, pero no hace falta que sea nada lujoso. Estar en plena naturaleza, cuidar de tu jardín, disfrutar de la compañía de tus seres queridos y tener dinero suficiente para todo ello te ayudará a conectar con lo que anhela tu corazón.

Venus natal en Géminis

Necesitas que la vida sea interesante. Disfrutas de la sensación de no saber muy bien qué te aguarda a la vuelta de la esquina. Te encanta conocer a personas nuevas, y comunicarte con los demás siempre te llena de energía. También adoras la idea de conocer a tu alma gemela, sea quien sea.

Venus natal en Cáncer

Tu máxima prioridad es la seguridad emocional. Se puede manifestar de múltiples formas, siempre que te haga sentir calentito y cómodo por dentro. Tienes instinto maternal independientemente de tu género y sientes la profunda necesidad de poder cuidar de los demás y de ser feliz en tu vida doméstica.

Venus natal en Leo

Anhelas poder dar una salida creativa a tu energía y a tu talento, porque, sin ellos, te sientes ahogado y frustrado. Para ti, es vital poder expresar quién eres en realidad y disfrutar del proceso. Tu alma romántica también anhela la oportunidad de amar y ser amado.

Venus natal en Virgo

Sea cual sea tu edad o tu estatus profesional, necesitas sentirte útil. Disfrutas ayudando a los demás, sobre todo en cuestiones de salud, y también te encargarás de todo tipo de tareas por ellos. Te fijas mucho en los detalles, por lo que quizás disfrutes trabajando con objetos pequeños o complejos, como la confección de ropa para muñecas o de joyas.

Venus natal en Libra

Sientes la necesidad imperiosa de tener en tu vida a alguien que te importe de verdad, sobre todo si se trata de tu pareja. Te cuesta ser feliz o sentirte satisfecho cuando estás solo, por lo que, si no tienes pareja, querrás forjar vínculos sólidos con amigos o familiares.

Venus natal en Escorpio

Intensidad. Vives para eso. Necesitas obtener una carga emocional de casi todo lo que haces; de otro modo, la vida empieza a perder sentido. En el mejor de los casos, el amor te ofrece la posibilidad de transformarte de alguna manera. Esto se puede traducir en una serie de encuentros emocionales potentes.

Venus natal en Sagitario

Estás en una búsqueda permanente del próximo objetivo o de la siguiente experiencia. Los viajes, ya sean mentales, físicos o espirituales, son una parte esencial de tu vida, a la que dan sentido y propósito. Te encantan los libros, las aventuras y los compañeros interesantes, pero, sobre todo, amas y necesitas tener esperanza.

Venus natal en Capricornio

Necesitas sentir que has logrado algo que merece la pena. Tanto puede ser algo material como emocional, pero ha de ser importante para ti y darte un propósito. También necesitas que los demás reconozcan tus logros, porque necesitas su aprobación y su admiración.

Venus natal en Acuario

Para ti es esencial poder ser tú mismo y ser aceptado por ser quien eres. Tu honestidad innata jamás te dejará fingir que eres alguien distinto a quien eres en realidad y te encanta agitar las aguas si te da la sensación de que la conversación se estanca o se vuelve demasiado convencional.

Venus natal en Piscis

Perderte en algo más grande que tú, como una relación, una vocación, una actividad creativa o una empresa espiritual, es uno de tus mayores sueños. Te ayuda a sentir mayor conexión con el resto del mundo o, en ocasiones, con un mundo distinto y más perfecto.

¿Qué quieres de la vida?

«Quiero» es una expresión clásica de Marte. Claro que, ¿qué quiere tu Marte exactamente? Comprueba tu signo para descubrir qué deseas de la vida y cómo podrías conseguirlo.

Marte natal en Aries

Emoción, júbilo, diversión y un poco de peligro... La combinación hace que te sientas vivo. Sin ellos, la vida es monótona, gris y te deja sin energía. También quieres independencia y la posibilidad de demostrar tus habilidades de liderazgo, tanto en el trabajo como en tu vida privada.

Marte natal en Tauro

La estabilidad y la lealtad lo son todo para ti. Has de saber dónde estás, tanto emocional como materialmente hablando. Tu lista de los deseos incluye tener dinero (más que suficiente) en el banco, una pareja en la que puedas confiar pero sexi y una vida doméstica estable.

Marte natal en Géminis

Anhelas una vida interesante y con mucha variedad, por lo que siempre corres el riesgo de aburrirte o de sentir que te has estancado. Las ideas te emocionan y disfrutas debatiéndolas, siempre que tengas la última palabra, eso sí. También quieres permanecer en movimiento constante, por lo que nunca te quedas en el mismo sitio durante demasiado tiempo.

Marte natal en Cáncer

Uno de tus objetivos principales es tener una vida doméstica feliz y satisfactoria y, cuando la consigues, te aferras a ella como si te fuera la vida en ello. Tu hogar es tu refugio del resto del mundo. Quieres proveer para tu familia, no solo materialmente, sino también emocionalmente.

Marte natal en Leo

Las actividades que te permiten expresarte son fundamentales para ti y te frustras mucho cuando tu creatividad se ve bloqueada por el motivo que sea. Ser pequeño e insignificante no va contigo. Sientes una gran necesidad de tener una familia unida y amigos íntimos.

Marte natal en Virgo

Es muy sencillo: quieres ser útil. Da igual que sea mediante tu trabajo o en tu tiempo libre, pero necesitas sentir que estás ayudando de alguna manera. Esto puede llevar a que estés siempre de guardia, así que asegúrate de que instauras límites sólidos para evitarlo.

Marte natal en Libra

Quieres forjar una sensación de
unión y colaboración con los demás.
Estar solo durante demasiado
tiempo no te gusta y, si todo va bien,
necesitas compartir tu vida con una
pareja estable. Si eso no es posible,
has de poder forjar vínculos con
buenos amigos o con tu familia.

Marte natal en Escorpio

El esfuerzo que inviertes en algo ha
de ser directamente proporcional a la
satisfacción que te proporciona, casi
como en una fórmula matemática.
Esto se aplica a todas las áreas
de tu vida, pero sobre todo a las
relaciones. Asegúrate de que eso no
lleve a la obsesión o a los celos.

Marte natal en Sagitario

Es esencial que tengas objetivos
a los que apuntar en la vida. Unas
veces los lograrás y otras no, pero la
diversión está en intentarlo. No te
puedes resistir a los retos y también
sientes que has de defender aquello
en lo que crees.

Marte natal en Capricornio

Quieres las tres R: respeto,
reconocimiento y reputación.
Además, pueden venir acompañadas
de una cuarta, la de responsabilidad,
que ya te va bien porque eres
meticuloso. El esfuerzo no te asusta,
sobre todo si te ha de traer el estatus
y el éxito que tan importantes son
para ti.

Marte natal en Acuario

Es muy sencillo: quieres una vida
llena de libertad, de independencia
y de originalidad, para poder ser tú
mismo de verdad sin la obligación de
seguir las normas de nadie. Quizás
sorprendas a alguien o rompas con
las convenciones, pero ¿a quién le
importa eso? ¡A ti, seguro que no!

Marte natal en Piscis

Con frecuencia, y sobre todo cuando
la vida se complica o se vuelve
desagradable, te gustaría escapar
a un mundo más amable. Quizás
lo hagas desconectando el móvil,
evitando a personas concretas o
recurriendo al alcohol, las drogas
o el sexo. También es posible que
quieras ayudar o rescatar a otros.

Venus en el trabajo

¿Qué tipo de compañero de trabajo eres? ¿Te gusta formar parte de un equipo o prefieres trabajar en solitario? El signo de tu Venus natal describe el ambiente de trabajo en el que te sientes más cómodo.

Venus natal en Aries

No te gusta trabajar solo durante demasiado tiempo. Necesitas el estímulo y la energía de otras personas, siempre que sean animadas, divertidas e inteligentes. El ambiente ha de ser bullicioso y rápido y querrás tomar la iniciativa de vez en cuando incluso si ocupas el escalafón más bajo de la jerarquía.

Venus natal en Tauro

Te gusta tener compañeros amistosos, sobre todo si no esperan que seas un adicto al trabajo. Los caprichos comestibles desempeñan una función importante en tu rutina de trabajo, por lo que es posible que sugieras que os turnéis para traer magdalenas y bizcochos caseros. ¡Pobre del que no contribuya!

Venus natal en Géminis

Necesitas formar parte de un equipo, ya sea grande o pequeño. Trabajar solo no te gusta, porque disfrutas intercambiando ideas con otras personas. Además, ¿con quién vas a cotillear si no hay nadie más en la oficina? Es posible que te conviertas en el imitador del equipo y seas capaz de reproducir a la perfección las idiosincrasias de todos.

Venus natal en Cáncer

Trabajes donde trabajes, ha de tener el ambiente adecuado o te sentirás incómodo. Idealmente, no deberías trabajar solo, sino contar con compañeros agradables con los que poder forjar vínculos. Si alguien pasa por un mal momento, acudirá a ti instintivamente y tú harás lo que esté en tu mano para ayudarlo.

Venus natal en Leo

Es muy probable que seas una de las personas más populares en el trabajo. Los compañeros disfrutan de tus aportaciones creativas, de tu calidez emocional y del aliento que les prestas, pero cuando te vuelves mandón o egoísta ya no les gustas tanto. Te encanta organizar viajes y salidas con los compañeros.

Venus natal en Virgo

Aunque la modestia te impide presumir de ello, te sientes orgulloso de ser tu mejor versión en el trabajo. Eso significa hacerlo lo mejor posible y, quizás, incluso desarrollar nuevos sistemas o rutinas mientras te preguntas por qué tus colegas no se pueden comprometer tanto como tú.

Venus natal en Libra

Esta es la posición del mediador, por lo que tu función en el trabajo consiste, con frecuencia, en mediar en las disputas entre compañeros y devolver las aguas a su cauce. De hecho, es posible que trabajes como mediador profesional o como negociador, lo que te ofrece múltiples oportunidades de demostrar tus habilidades diplomáticas.

Venus natal en Escorpio

Has de invertir una tremenda cantidad de energía emocional en el trabajo; de otro modo, no tiene sentido para ti. Trabajar solo te gusta, aunque lo has de equilibrar pasando tiempo con gente. Si los compañeros no hacen lo que les corresponde, les harás saber exactamente qué piensas de ellos.

Venus natal en Sagitario

Aunque es posible que disfrutes trabajando solo de vez en cuando, al final necesitas tener a personas con las que conversar para no aburrirte. Eres un compañero de trabajo fantástico, lleno de diversión y de aliento para los demás, pero también disfrutas trabajando solo. Tu trabajo ideal tiene que ver con la enseñanza, los libros o los viajes.

Venus natal en Capricornio

Disfrutas demostrando de lo que eres capaz y recibiendo palmaditas en la espalda en reconocimiento de todo tu esfuerzo. Eres un miembro del equipo en el que se puede confiar y te encanta que te pidan que asumas un puesto de poder o de autoridad.

Venus natal en Acuario

Tienes lo mejor de ambos mundos, porque eres fantástico como miembro de un equipo, pero también disfrutas trabajando solo o para ti mismo. No se te da bien recibir órdenes, sobre todo si proceden de alguien que no hace su trabajo tan bien como tú.

Venus natal en Piscis

Tanto si trabajas solo como si eres miembro de un equipo, has de sentir que lo que haces merece la pena y te satisface. Y, si de paso puedes ayudar alguien, mejor que mejor. Los trabajos sin futuro o los compañeros desagradables tu dejan sin energía y encontrarás todo tipo de motivos por los que salir de allí a toda prisa.

Marte en el trabajo

Este planeta describe tu impulso y tu determinación. ¿Qué tiene que decir la posición de Marte en tu carta astral (tu Marte natal) acerca de tu conducta en el trabajo? ¿Te gusta llevar las riendas o prefieres dejar que sean otros quienes se sienten al volante?

Marte natal en Aries

Sea cual sea tu trabajo, necesitas disfrutar de cierta autonomía, porque si siempre te dicen qué has de hacer, acabas harto. Se te da muy bien hacer despegar proyectos, pero terminarlos ya no te interesa tanto. Puedes ver a tus compañeros de trabajo como a la competencia o como personas con las que discutir.

Marte natal en Tauro

Si el mundo se divide en liebres y tortugas, eres una tortuga. Te tomas tu tiempo y te niegas a que te metan prisa, por lo que es posible que no te sientas cómodo trabajando bajo presión o acelerado. No te importa que te den instrucciones, pero te cuesta ser flexible o cambiar de opinión.

Marte natal en Géminis

Te dediques a lo que te dediques, ha de implicar estar en contacto con gente, de modo que puedas compartir ideas, conversar e inspirarte cuando sea necesario. Se te da muy bien concebir planes y encontrar soluciones brillantes a problemas aparentemente irresolubles.

Marte natal en Cáncer

Tu ambición innata te impulsa en tu vida profesional y no te importa trabajar las horas que sean necesarias para ascender en la jerarquía. Te encanta trabajar desde casa siempre que puedas evitar las inevitables distracciones. Si compartes tu lugar de trabajo, no te podrás resistir a mostrarte maternal con tus compañeros.

Marte natal en Leo

Necesitas contar con cierta autoridad incluso si estás en el escalón más bajo de la jerarquía; de lo contrario, pierdes el interés. Eres feliz siendo el jefe y poniendo en práctica tus habilidades organizativas, pero controla la tendencia a ser demasiado mandón o condescendiente.

Marte natal en Virgo

Eres un trabajador muy dispuesto. Ni se te pasa por la cabeza la posibilidad de escaquearte o de no hacer lo que te corresponde, por lo que eres el que siempre sigue en el despacho mucho después de que el resto de los compañeros se hayan ido. Controla la tendencia a trabajar en exceso, porque tu salud se puede acabar resintiendo.

Marte natal en Libra

Sientes una intensa necesidad de tener éxito. Si tu trabajo tiene que ver con la diplomacia, la mediación o el derecho, estás en el sitio adecuado, porque son áreas en las que destacas. Es importante que cuentes con un espacio de trabajo atractivo y con compañeros agradables.

Marte natal en Escorpio

Eres productivo y trabajador, por lo que siempre inviertes mucho esfuerzo en tu trabajo. Es posible que haya ocasiones en las que te esfuerzas tanto que te resulta casi imposible desconectar y relajarte. Necesitas cierto nivel de control y de autonomía, o acabas muy frustrado.

Marte natal en Sagitario

Con tu amor por los desafíos y las oportunidades, lo último que quieres es un trabajo aburrido o monótono. Has de encontrar canales merecedores de tu entusiasmo que te permitan expandirte, probar ideas nuevas y llegar al límite. De lo contrario, te puedes volver chapucero.

Marte natal en Capricornio

No te importa empezar desde abajo si es necesario, pero puedes estar seguro de que no te quedarás ahí durante demasiado tiempo. Te esforzarás tanto como sea necesario para ascender por la resbaladiza escalera hacia el éxito y harás horas extras o te relacionarás con personas influyentes para avanzar en la vida.

Marte natal en Acuario

El trabajo te ha de ofrecer la oportunidad de demostrar tu capacidad de iniciativa y tu ingenio, preferiblemente sin necesidad de justificar tus acciones ante nadie. Ser autónomo te va bien, siempre que sea otro quien se encargue del papeleo. Los compañeros de trabajo también han de ser tus amigos.

Marte natal en Piscis

Necesitas un trabajo o una vocación que cautive tu imaginación y te atraiga emocionalmente, o acabarás amargado. Idealmente, también debería apelar a tu talento creativo. Trabajar en ONG o ayudando a personas que la sociedad pasa por alto o esconde también te puede resultar atractivo.

Tus poderes de atracción

No es casualidad que el símbolo de Venus evoque un espejo de mano, porque este planeta rige la apariencia y el buen aspecto. ¿Cómo puedes aprovechar la posición que ocupa Venus en tu carta astral?

Venus natal en Aries

Tener buen aspecto es muy importante para ti. En parte, porque no te puedes resistir a mirarte en todos los espejos, pero también porque te encanta recibir elogios. Aries rige la cabeza, por lo que has de llamar la atención sobre esa parte de tu anatomía, ya sea con sombreros, con gafas llamativas o con peinados espectaculares.

Venus natal en Tauro

Si no te hace sentir bien o si no huele como los ángeles, no te interesa. Te atraen las telas y los aromas naturales, por lo que las fibras sintéticas y los aromas artificiales son inconcebibles para ti. Tauro rige el cuello y te encanta resaltar el tuyo con pañuelos, collares y joyas atractivas.

Venus natal en Géminis

¿Aparentas la edad que tienes? ¡Es muy poco probable! Mantendrás un aspecto juvenil durante toda tu vida y tu armario tampoco será aburrido. Te encanta combinar prendas de maneras innovadoras y sientes debilidad por los brazaletes, las pulseras y los anillos que realcen tus bonitas manos.

Venus natal en Cáncer

El atractivo del pasado te conquista una y otra vez, por lo que algunas de tus prendas más antiguas se pueden haber convertido en buenas amigas, y también te gustan las piezas *vintage*. Puede que lo contemporáneo o moderno te repela, porque no te resulta lo suficientemente conocido. Te encantan las prendas de lana.

Venus natal en Leo

Esta es una de las ubicaciones más glamurosas para Venus. Para ti es esencial tener una imagen fabulosa y vistes con prendas que te quedan muy bien y de aspecto caro (aunque no lo sean), y tu cabello siempre está brillante y bien cortado. Al fin y al cabo, tienes una imagen que mantener y nunca quieres tener peor aspecto que el mejor posible.

Venus natal en Virgo

Intentas mantener una apariencia siempre impecable y ordenada y lo pasas muy mal cuando no satisfaces tus propias expectativas tan elevadas. La mayoría de tus prendas reflejan la modestia de Virgo y prefieres los estampados menudos y los colores lisos. Si es demasiado estridente, ordinario o llamativo, no es para ti.

Venus natal en Libra

Eres elegante, sencillo y sutil y tienes un buen gusto clásico. Sientes la necesidad profunda de tener el mejor aspecto posible y eres capaz de gastarte mucho dinero en comprar la prenda o los zapatos perfectos. También le das importancia a oler bien, por lo que te encantan los jabones y los perfumes.

Venus natal en Escorpio

Rezumas misterio, carisma y la impresión de que, definitivamente, las aguas tranquilas esconden corrientes profundas. Para ti es importante tener un estilo muy característico, que no tiene tanto que ver con seguir la última moda como con encontrar tu imagen personal. Te encantan los colores intensos y tienes varias gafas de sol.

Venus natal en Sagitario

Despreocupado y relajado, ese eres tú. Eres feliz cuando vas vestido de manera informal, como con vaqueros y camisetas que no limitan tus movimientos y que puedes sustituir con facilidad cuando tu tendencia a tener accidentes los acaba echando a perder. También te atrae la ropa de otras culturas o países.

Venus natal en Capricornio

Vistes para impresionar, tanto si se trata de prendas formales como de atuendos sofisticados que te quedan bien y transmiten calidad y un buen gusto elegante. No te gusta lo demasiado llamativo u ordinario, porque no satisface a tu dignidad innata, pero también evitas la alta costura, porque prefieres crear tu propio estilo atemporal.

Venus natal en Acuario

Este es el más carismático de todos los signos de Venus. Si a ese carisma le añades glamur, estilo y saber estar, consigues que la gente se vuelva a mirarte. Disfrutas más con prendas que reflejen tu individualidad que llevando lo que se espera de ti por el motivo que sea. ¡Presume de tobillos!

Venus natal en Piscis

Independientemente de tu sexo, hay algo etéreo y delicado en ti. Quizás elijas prendas vaporosas y bonitas o sutiles colores pastel. Es poco probable que te sienten bien las prendas demasiado duras, porque no son en absoluto de tu estilo. Los zapatos y las botas pueden ser tu debilidad.

¿Qué te motiva a levantarte cada día?

Marte es un planeta que adora el entusiasmo. De hecho, para Marte es vital tener un interés en la vida. ¿Qué dice tu Marte natal acerca de lo que te entusiasma y de los motivos que encuentras para salir de la cama por la mañana?

Marte natal en Aries

La vida siempre promete emociones nuevas y experiencias novedosas, por lo que le quieres sacar el jugo a cada día. Sientes una emoción enorme cuando lanzas un proyecto o iniciativa nuevos, sobre todo si entraña desafíos o riesgos. ¡Ir sobre seguro no te va!

Marte natal en Tauro

Quieres que todos los días sean productivos, sobre todo si eso significa crear algo por ti mismo. Necesitas sentir que tienes los pies en el suelo, por lo que estar al aire libre es algo de lo que disfrutas especialmente y que te produce mucha satisfacción. La jardinería y los paseos por el campo están muy bien, pero ganar dinero y adquirir cosas tampoco está nada mal.

Marte natal en Géminis

No hay nada que te motive más que no estar seguro de lo que te deparará el día, así que intentas no programar por adelantado todos y cada uno de los minutos de la jornada. ¡Menudo aburrimiento sería eso! No te resistes a comprar dispositivos electrónicos, porque te encanta tener juguetes nuevos con los que entretenerte.

Marte natal en Cáncer

Hagas lo que hagas, te ha de satisfacer a nivel emocional. Quizás no sepas explicar qué es eso exactamente, pero lo reconoces en cuanto lo encuentras. Reunir una colección de objetos especiales, sobre todo si tienen relación con la familia o con la historia, te hace sentir bien.

Marte natal en Leo

¡Expresa a diario tu creatividad o tu don para el arte! Te encanta tener algún proyecto estimulante y emocionante en marcha, porque te inspira y te satisface a la vez. También te ayuda contar con un público que aprecie tus esfuerzos, porque así tienes la seguridad de que no son en vano.

Marte natal en Virgo

Eres curioso por naturaleza, por lo que siempre te mantienes activo y entretenido. Te preguntas repetidamente «¿por qué?» y «¿cómo?» y disfrutas buscando las respuestas. Expresar tus talentos prácticos y metódicos también es esencial para ti, ya lo hagas en el trabajo o durante tu día a día.

Marte natal en Libra

Conectar con otras personas es una gran motivación para ti. Te gusta sentir que formas parte de un equipo, ya sea de trabajo o por cuestiones personales. El juego limpio y la justicia también son vitales y te satisface apoyar buenas causas y defender a personas en problemas.

Marte natal en Escorpio

Necesitas contar con un propósito en la vida y con algo que te proporcione satisfacción emocional. Idealmente, también te nutrirá el espíritu y dará sentido a la relación, a la afición o a la creencia de que se trate. Te puede ayudar a procesar emociones que, en ocasiones, pueden ser muy turbulentas.

Marte natal en Sagitario

Casi cualquier cosa conseguirá que te levantes, siempre que despierte tu entusiasmo omnipresente y tu optimismo inagotable. Te encanta descubrir nuevas aficiones que prendan tu imaginación, sobre todo si te exigen viajar o aprender algo nuevo.

Marte natal en Capricornio

La ambición y el propósito son tu bandera, te empujan a la acción y hacen que te propongas sacar el mayor provecho a cada día. Sin embargo, evita trabajar hasta el agotamiento o mostrarte despiadado con la competencia.

Marte natal en Acuario

Tu deseo de hacer del mundo un lugar mejor, ya sea modestamente o a lo grande, es tan intenso que, con frecuencia, te enciendes cuando intentas conseguir que otros vean las cosas igual que tú. Enviarás un torrente de correos electrónicos, serás un guerrero del teclado en las redes sociales o apoyarás a una ONG. Sea lo que sea, ¡tienes que hacer algo!

Marte natal en Piscis

Encontrar un propósito en la vida es esencial para ti; de lo contrario, puedes acabar a la deriva en un mar de incertidumbre y de problemas. Ayudar a otros también puede ser una manera fantástica de ayudarte a ti mismo, ya lo hagas como una forma de voluntariado o para ganarte la vida, porque quieres aliviar el sufrimiento allá donde lo ves.

Mantener la paz

Venus es un planeta de armonía y el signo que ocupe en un momento dado determinará lo fácil o difícil que será conseguirla. Busca en la parte final del libro o en línea el signo que Venus ocupa ahora para ver la mejor manera de mantener la armonía en este momento.

Cuando Venus está en Aries

Satisfacer a todo el mundo no es tarea fácil. Da la impresión de que todos los que te rodean se quieren salir con la suya o incluso de que disfrutan de una buena discusión de vez en cuando. Este es un buen momento para resolver diferencias, preferiblemente de un modo educado, pero firme. Elimina la ira residual con ejercicio físico, ya sea al aire libre o en el dormitorio.

Cuando Venus está en Tauro

Desconfía de quien quiera usar el dinero como medio de asumir el control o de demostrar quién manda. Una comida deliciosa, ya sea en casa o en un restaurante, podría curar emociones heridas. Si buscas tomarte un respiro, sal al jardín o visita tu paraje natural preferido.

Cuando Venus está en Géminis

No subestimes el poder de discutir, negociar o decir la palabra correcta en el momento adecuado. ¡Has de estar dispuesto a escuchar además de a hablar, eso sí! Muéstrate dispuesto a aceptar sugerencias y a alcanzar compromisos con los demás y sácale el máximo provecho a tu encanto innato. La capacidad de negociación es de un valor incalculable en este momento.

Cuando Venus está en Cáncer

Si quieres resolver algo, evita ponerte a la defensiva o encerrarte en ti mismo y malhumorarte por el menor desacuerdo. Las dificultades domésticas te pueden desequilibrar, así que haz lo posible para enfrentarte a ellas y encontrar una solución aceptable para todos.

Cuando Venus está en Leo

Es posible que haya problemas relacionados con la familia, con los hijos o con las actividades artísticas, pero ¿podría ser que los demás estén haciendo un drama de todo ello? Evita dejarte arrastrar por el egocentrismo o las exigencias de otros, sobre todo si apelan a su superioridad jerárquica. También deberías ser consciente de tu tendencia a acaparar el protagonismo.

Cuando Venus está en Virgo

Quizás tengas que resolver dificultades asociadas al trabajo o a la salud. La mejor manera de hacerlo es centrarte en los hechos y analizar lo que sucede, pero evita caer en la tentación de buscar culpables. Evita también ser demasiado crítico con los demás.

Cuando Venus está en Libra

Tratar con los demás puede ser complicado ahora, sobre todo si no estás de acuerdo con ellos. La mejor manera de abordarlo es hacer acopio de todos tus poderes de seducción y de todo tu tacto y llegar a acuerdos siempre que sea posible. Es importante encontrar equilibrio y armonía en este momento.

Cuando Venus está en Escorpio

Las relaciones íntimas te exigirán mucha mano izquierda, sobre todo si te enfrentas a la obstinación, la conducta controladora o los celos de alguien. ¡Recuerda que tú también puedes mostrar algunas de esas tendencias! Podría ser que alguien te evite o se muestre fríamente educado, pero que no te diga qué le molesta.

Cuando Venus está en Sagitario

Elige tus palabras con mucho cuidado si no quieres decir algo equivocado o que, sin querer, hagas que un elogio suene más como un insulto. Apelar al sentido del humor de los demás puede ser una estrategia muy inteligente. Tomarte las cosas con filosofía también te será útil.

Cuando Venus está en Capricornio

Puede haber discusiones o desacuerdos relacionados con el trabajo, el estatus social, la burocracia o la tendencia de alguien a trabajar en exceso. Intenta apelar al sentido común y a la dignidad de los demás y da buen ejemplo. Evita reprimir tus emociones para protegerte.

Cuando Venus está en Acuario

Aborda los temas polémicos con diplomacia, aunque es posible que te encuentres con que todos los implicados se muestran demasiado obstinados como para poder encontrar un terreno común. También es posible que alguien disfrute causando tanta polémica o desequilibrio como le sea posible, pero ¿de verdad vas a picar el anzuelo?

Cuando Venus está en Piscis

Si se avecinan problemas, te costará saber qué sucede, porque la situación es muy confusa, si no deliberadamente engañosa. Sé cauteloso al tratar con los demás y ten cuidado con quien quiera ser visto como un santo o como una víctima... ¡incluido tú!

Decir basta

Las cosas se pueden torcer un poco incluso en las relaciones más armónicas. Y, entonces, se pierden los nervios. O no. Hay personas para quienes perder los estribos no es nada fácil, por mucho que hiervan de ira por dentro. A continuación, descubrirás cómo reacciona cada signo de Marte cuando se irrita. Y no solo tú, sino el resto de las personas en tu vida.

Marte natal en Aries

Cuando te enfadas, tu ira estalla de repente, arde furiosa durante unos minutos frenéticos y desaparece con la misma rapidez con que ha aparecido. Casi cualquier cosa puede hacerte enfurecer, pero los detonantes más habituales son que te hagan esperar, tener que seguir órdenes y que no te hagan caso.

Marte natal en Tauro

Hace falta mucho para encolerizarte pero, cuando lo haces, nadie puede dudar de lo que sientes. Algunas de las cosas que te enfurecen son los problemas relacionados con las posesiones, las finanzas personales y no conseguir lo que quieres, porque lo de encontrarte a medio camino con el otro no se te acaba de dar muy bien.

Marte natal en Géminis

Las palabras son tus armas y las manejas muy bien, sobre todo cuando te enfadas. Te puedes mostrar sarcástico, cortante y fulminante. Te irritan sobremanera la ignorancia y la estupidez de los demás, los problemas con el transporte y los retrasos injustificables cuando tienes prisa.

Marte natal en Cáncer

Aunque puedes sentir cómo la ira se acumula en tu interior, o bien se vuelve inaccesible o bien se transforma en malhumor o tristeza por algo completamente distinto. Hay todo tipo de cosas que te encienden por dentro, como la crueldad contra los niños o sentir que alguien te ataca.

Marte natal en Leo

¿Crees que perder los estribos no es digno de ti? Con frecuencia, la dignidad y el orgullo impiden que te enfades, pero cuando lo haces, explotas de verdad y puedes hacerlo de un modo dramático y teatral. No soportas que te den órdenes, que te falten al respeto o que te coarten.

Marte natal en Virgo

La ineficiencia, la holgazanería, el desaliño o tomar atajos son maneras seguras de enfurecerte y de conseguir que afiles la lengua. No mides las palabras, así que, si alguien no satisface tus elevadas expectativas, no le quedará la menor duda de lo que ha hecho mal.

Marte natal en Libra

Te gusta conceder el beneficio de la duda siempre que puedes y haces todo lo posible para seguir siendo cortés y educado incluso si te enfadas. Tu gran sentido de la justicia significa que te enfurece oír hablar de injusticias o prejuicios.

Marte natal en Escorpio

Tu ira hierve a fuego lento, hasta que por fin explota en una furia sarcástica e incluso corrosiva. Sabes cómo guardar rencor y llevar las cuentas mucho después de que la discusión haya terminado. Algunas de las cosas que te hacen saltar son la falta de lealtad, los celos y la falta de sinceridad.

Marte natal en Sagitario

Si te enfadas con alguien, te aseguras de que lo sepa. Puedes ser brusco y de una honestidad brutal, sobre todo si te dejas llevar por las emociones del momento. La falta de honestidad y de valor moral son dos detonantes especialmente significativos para ti.

Marte natal en Capricornio

Cuanto mayor sea el control que ejerces sobre tus emociones, más difícil te resultará enfadarte, por mucho que la procesión corra por dentro. Cuando te permites dejarte ir, sabes muy bien cómo hacer daño con tus palabras. No soportas que te humillen o te critiquen por lo mucho que trabajas.

Marte natal en Acuario

Tu ira tiene un desapego helado que te ayuda a mantener la frialdad mental necesaria para defender tu postura con precisión. Detestas que se espere que obedezcas normas absurdas o insignificantes y estás dispuesto a luchar por grandes causas si es necesario.

Marte natal en Piscis

Te cuesta mucho perder los estribos. La ira aparece y se desvanece en un suspiro y, para empeorar aún más las cosas, a veces te sientes culpable con antelación al pensar en herir los sentimientos de otro. No toleras saber del sufrimiento o del maltrato de otros.

Tablas de Venus

Busca el año y la fecha en que naciste y descubre cuál es tu signo de Venus. En las páginas 30-32 encontrarás las instrucciones completas.

FECHA	HORA	SIGNO	MOVIM.	FECHA	HORA	SIGNO	MOVIM.
6 ene 1955	06:48	SAG		6 dic 1957	15:25	ACU	
6 feb 1955	01:15	CAP		8 ene 1958	02:47	ACU	R
4 mar 1955	20:21	ACU		18 feb 1958	06:17	ACU	D
30 mar 1955	11:30	PIS		6 abr 1958	15:59	PIS	
24 abr 1955	15:12	ARI		5 mayo 1958	11:58	ARI	
19 mayo 1955	13:35	TAU		1 jun 1958	04:07	TAU	
13 jun 1955	08:37	GEM		26 jun 1958	23:08	GEM	
8 jul 1955	00:15	CAN		22 jul 1958	05:25	CAN	
1 ago 1955	11:42	LEO		16 ago 1958	01:28	LEO	
25 ago 1955	18:52	VIR		9 sep 1958	12:35	VIR	
18 sep 1955	22:40	LIB		3 oct 1958	16:43	LIB	
13 oct 1955	00:38	ESC		27 oct 1958	16:26	ESC	
6 nov 1955	02:02	SAG		20 nov 1958	13:59	SAG	
30 nov 1955	03:42	CAP		14 dic 1958	10:54	CAP	
24 dic 1955	06:52	ACU		7 ene 1959	08:16	ACU	
17 ene 1956	14:21	PIS		31 ene 1959	07:28	PIS	
11 feb 1956	07:46	ARI		24 feb 1959	10:52	ARI	
7 mar 1956	21:31	TAU		20 mar 1959	21:55	TAU	
4 abr 1956	07:22	GEM		14 abr 1959	21:07	GEM	
8 mayo 1956	02:16	CAN		10 mayo 1959	15:44	CAN	
31 mayo 1956	18:04	CAN	R	6 jun 1959	22:42	LEO	
23 jun 1956	12:10	GEM	R	8 jul 1959	12:07	VIR	
13 jul 1956	21:20	GEM	D	10 ago 1959	23:16	VIR	R
4 ago 1956	09:48	CAN		20 sep 1959	03:01	LEO	R
8 sep 1956	09:23	LEO		22 sep 1959	17:15	LEO	D
6 oct 1956	03:12	VIR		25 sep 1959	08:14	VIR	
31 oct 1956	19:39	LIB		9 nov 1959	18:10	LIB	
25 nov 1956	13:01	ESC		7 dic 1959	16:41	ESC	
19 dic 1956	19:06	SAG		2 ene 1960	08:42	SAG	
12 ene 1957	20:22	CAP		27 ene 1960	04:45	CAP	
5 feb 1957	20:16	ACU		20 feb 1960	16:47	ACU	
1 mar 1957	20:39	PIS		16 mar 1960	01:53	PIS	
25 mar 1957	22:45	ARI		9 abr 1960	10:32	ARI	
19 abr 1957	03:28	TAU		3 mayo 1960	19:55	TAU	
13 mayo 1957	11:07	GEM		28 mayo 1960	06:10	GEM	
6 jun 1957	21:34	CAN		21 jun 1960	16:33	CAN	
1 jul 1957	10:42	LEO		16 jul 1960	02:11	LEO	
26 jul 1957	03:09	VIR		9 ago 1960	10:53	VIR	
20 ago 1957	00:43	LIB		2 sep 1960	19:29	LIB	
14 sep 1957	06:19	ESC		27 sep 1960	05:12	ESC	
10 oct 1957	01:15	SAG		21 oct 1960	17:11	SAG	
5 nov 1957	23:45	CAP		15 nov 1960	08:57	CAP	

FECHA	HORA	SIGNO	MOVIM.	FECHA	HORA	SIGNO	MOVIM.
10 dic 1960	08:34	ACU		8 sep 1964	04:53	LEO	
5 ene 1961	03:30	PIS		5 oct 1964	18:10	VIR	
2 feb 1961	04:45	ARI		31 oct 1964	08:54	LIB	
20 mar 1961	20:13	ARI	R	25 nov 1964	01:24	ESC	
2 mayo 1961	04:15	ARI	D	19 dic 1964	07:02	SAG	
5 jun 1961	19:24	TAU		12 ene 1965	08:00	CAP	
7 jul 1961	04:32	GEM		5 feb 1965	07:41	ACU	
3 ago 1961	15:28	CAN		1 mar 1965	07:55	PIS	
29 ago 1961	14:18	LEO		25 mar 1965	09:53	ARI	
23 sep 1961	15:42	VIR		18 abr 1965	14:30	TAU	
18 oct 1961	02:58	LIB		12 mayo 1965	22:07	GEM	
11 nov 1961	05:32	ESC		6 jun 1965	08:38	CAN	
5 dic 1961	03:39	SAG		30 jun 1965	21:59	LEO	
29 dic 1961	00:06	CAP		25 jul 1965	14:51	VIR	
21 ene 1962	20:30	ACU		19 ago 1965	13:06	LIB	
14 feb 1962	18:08	PIS		13 sep 1965	19:50	ESC	
10 mar 1962	18:28	ARI		9 oct 1965	16:45	SAG	
3 abr 1962	23:04	TAU		5 nov 1965	19:35	CAP	
28 abr 1962	09:22	GEM		7 dic 1965	04:36	ACU	
23 mayo 1962	02:46	CAN		5 ene 1966	16:21	ACU	R
17 jun 1962	05:30	LEO		6 feb 1966	12:46	CAP	R
12 jul 1962	22:31	VIR		15 feb 1966	18:41	CAP	D
8 ago 1962	17:13	LIB		25 feb 1966	10:54	ACU	
7 sep 1962	00:10	ESC		6 abr 1966	15:53	PIS	
23 oct 1962	04:14	ESC	R	5 mayo 1966	04:33	ARI	
3 dic 1962	11:26	ESC	D	31 mayo 1966	18:00	TAU	
6 ene 1963	17:35	SAG		26 jun 1966	11:40	GEM	
5 feb 1963	20:35	CAP		21 jul 1966	17:11	CAN	
4 mar 1963	11:41	ACU		15 ago 1966	12:47	LEO	
30 mar 1963	00:59	PIS		8 sep 1966	23:40	VIR	
24 abr 1963	03:39	ARI		3 oct 1966	03:44	LIB	
19 mayo 1963	01:20	TAU		27 oct 1966	03:27	ESC	
12 jun 1963	19:56	GEM		20 nov 1966	01:06	SAG	
7 jul 1963	11:17	CAN		13 dic 1966	22:08	CAP	
31 jul 1963	22:28	LEO		6 ene 1967	19:35	ACU	
25 ago 1963	05:48	VIR		30 ene 1967	18:53	PIS	
18 sep 1963	09:42	LIB		23 feb 1967	22:29	ARI	
12 oct 1963	11:49	ESC		20 mar 1967	09:55	TAU	
5 nov 1963	13:25	SAG		14 abr 1967	09:54	GEM	
29 nov 1963	15:21	CAP		10 mayo 1967	06:04	CAN	
23 dic 1963	18:53	ACU		6 jun 1967	16:47	LEO	
17 ene 1964	02:53	PIS		8 jul 1967	22:11	VIR	
10 feb 1964	21:09	ARI		8 ago 1967	14:29	VIR	R
7 mar 1964	12:38	TAU		9 sep 1967	11:57	LEO	R
4 abr 1964	03:02	GEM		20 sep 1967	09:34	LEO	D
9 mayo 1964	03:15	CAN		1 oct 1967	18:06	VIR	
29 mayo 1964	10:29	CAN	R	9 nov 1967	16:32	LIB	
17 jun 1964	18:17	GEM	R	7 dic 1967	08:47	ESC	
11 jul 1964	13:00	GEM	D	1 ene 1968	22:37	SAG	
5 ago 1964	08:52	CAN		26 ene 1968	17:34	CAP	

FECHA	HORA	SIGNO	MOVIM.	FECHA	HORA	SIGNO	MOVIM.
20 feb 1968	04:55	ACU		5 nov 1971	00:30	SAG	
15 mar 1968	13:31	PIS		29 nov 1971	02:41	CAP	
8 abr 1968	21:48	ARI		23 dic 1971	06:32	ACU	
3 mayo 1968	06:56	TAU		16 ene 1972	15:01	PIS	
27 mayo 1968	17:02	GEM		10 feb 1972	10:08	ARI	
21 jun 1968	03:20	CAN		7 mar 1972	03:25	TAU	
15 jul 1968	12:58	LEO		3 abr 1972	22:47	GEM	
8 ago 1968	21:48	VIR		10 mayo 1972	13:51	CAN	
2 sep 1968	06:39	LIB		27 mayo 1972	03:14	CAN	R
26 sep 1968	16:45	ESC		11 jun 1972	20:08	GEM	R
21 oct 1968	05:16	SAG		9 jul 1972	04:55	GEM	D
14 nov 1968	21:47	CAP		6 ago 1972	01:26	CAN	
9 dic 1968	22:39	ACU		7 sep 1972	23:26	LEO	
4 ene 1969	20:06	PIS		5 oct 1972	08:33	VIR	
2 feb 1969	04:44	ARI		30 oct 1972	21:39	LIB	
18 mar 1969	11:49	ARI	R	24 nov 1972	13:23	ESC	
29 abr 1969	19:20	ARI	D	18 dic 1972	18:33	SAG	
6 jun 1969	01:48	TAU		11 ene 1973	19:14	CAP	
6 jul 1969	22:03	GEM		4 feb 1973	18:42	ACU	
3 ago 1969	05:29	CAN		28 feb 1973	18:44	PIS	
29 ago 1969	02:47	LEO		24 mar 1973	20:34	ARI	
23 sep 1969	03:25	VIR		18 abr 1973	01:05	TAU	
17 oct 1969	14:17	LIB		12 mayo 1973	08:42	GEM	
10 nov 1969	16:39	ESC		5 jun 1973	19:19	CAN	
4 dic 1969	14:40	SAG		30 jun 1973	08:55	LEO	
28 dic 1969	11:03	CAP		25 jul 1973	02:12	VIR	
21 ene 1970	07:25	ACU		19 ago 1973	01:10	LIB	
14 feb 1970	05:03	PIS		13 sep 1973	09:04	ESC	
10 mar 1970	05:24	ARI		9 oct 1973	08:07	SAG	
3 abr 1970	10:04	TAU		5 nov 1973	15:39	CAP	
27 abr 1970	20:33	GEM		7 dic 1973	21:37	ACU	
22 mayo 1970	14:19	CAN		3 ene 1974	06:07	ACU	R
16 jun 1970	17:48	LEO		29 ene 1974	19:50	CAP	R
12 jul 1970	12:16	VIR		13 feb 1974	07:28	CAP	D
8 ago 1970	09:59	LIB		28 feb 1974	14:24	ACU	
7 sep 1970	01:53	ESC		6 abr 1974	14:16	PIS	
20 oct 1970	15:57	ESC	R	4 mayo 1974	20:21	ARI	
1 dic 1970	00:03	ESC	D	31 mayo 1974	07:18	TAU	
7 ene 1971	00:59	SAG		25 jun 1974	23:43	GEM	
5 feb 1971	14:56	CAP		21 jul 1974	04:33	CAN	
4 mar 1971	02:24	ACU		14 ago 1974	23:46	LEO	
29 mar 1971	14:01	PIS		8 sep 1974	10:27	VIR	
23 abr 1971	15:43	ARI		2 oct 1974	14:26	LIB	
18 mayo 1971	12:47	TAU		26 oct 1974	14:12	ESC	
12 jun 1971	06:57	GEM		19 nov 1974	11:56	SAG	
6 jul 1971	22:02	CAN		13 dic 1974	09:05	CAP	
31 jul 1971	09:14	LEO		6 ene 1975	06:39	ACU	
24 ago 1971	16:25	VIR		30 ene 1975	06:04	PIS	
17 sep 1971	20:25	LIB		23 feb 1975	09:52	ARI	
11 oct 1971	22:42	ESC		19 mar 1975	21:42	TAU	

FECHA	HORA	SIGNO	MOVIM.	FECHA	HORA	SIGNO	MOVIM.
13 abr 1975	22:25	GEM		7 ene 1979	06:37	SAG	
9 mayo 1975	20:11	CAN		5 feb 1979	09:15	CAP	
6 jun 1975	10:54	LEO		3 mar 1979	17:18	ACU	
9 jul 1975	11:06	VIR		29 mar 1979	03:17	PIS	
6 ago 1975	05:21	VIR	R	23 abr 1979	04:02	ARI	
2 sep 1975	15:34	LEO	R	18 mayo 1979	00:28	TAU	
18 sep 1975	01:46	LEO	D	11 jun 1979	18:13	GEM	
4 oct 1975	05:19	VIR		6 jul 1979	09:02	CAN	
9 nov 1975	13:51	LIB		30 jul 1979	20:06	LEO	
7 dic 1975	00:28	ESC		24 ago 1979	03:16	VIR	
1 ene 1976	12:14	SAG		17 sep 1979	07:21	LIB	
26 ene 1976	06:08	CAP		11 oct 1979	09:47	ESC	
19 feb 1976	16:50	ACU		4 nov 1979	11:49	SAG	
15 mar 1976	00:59	PIS		28 nov 1979	14:19	CAP	
8 abr 1976	08:55	ARI		22 dic 1979	18:34	ACU	
2 mayo 1976	17:48	TAU		16 ene 1980	03:36	PIS	
27 mayo 1976	03:43	GEM		9 feb 1980	23:39	ARI	
20 jun 1976	13:55	CAN		6 mar 1980	18:54	TAU	
14 jul 1976	23:35	LEO		3 abr 1980	19:46	GEM	
8 ago 1976	08:35	VIR		12 mayo 1980	20:52	CAN	
1 sep 1976	17:44	LIB		24 mayo 1980	20:10	CAN	R
26 sep 1976	04:16	ESC		5 jun 1980	05:44	GEM	R
20 oct 1976	17:22	SAG		6 jul 1980	21:15	GEM	D
14 nov 1976	10:41	CAP		6 ago 1980	14:24	CAN	
9 dic 1976	12:52	ACU		7 sep 1980	17:57	LEO	
4 ene 1977	13:01	PIS		4 oct 1980	23:06	VIR	
2 feb 1977	05:54	ARI		30 oct 1980	10:37	LIB	
16 mar 1977	03:01	ARI	R	24 nov 1980	01:34	ESC	
27 abr 1977	09:49	ARI	D	18 dic 1980	06:20	SAG	
6 jun 1977	06:10	TAU		11 ene 1981	06:48	CAP	
6 jul 1977	15:08	GEM		4 feb 1981	06:07	ACU	
2 ago 1977	19:18	CAN		28 feb 1981	06:01	PIS	
28 ago 1977	15:09	LEO		24 mar 1981	07:42	ARI	
22 sep 1977	15:05	VIR		17 abr 1981	12:07	TAU	
17 oct 1977	01:37	LIB		11 mayo 1981	19:44	GEM	
10 nov 1977	03:51	ESC		5 jun 1981	06:29	CAN	
4 dic 1977	01:48	SAG		29 jun 1981	20:19	LEO	
27 dic 1977	22:09	CAP		24 jul 1981	14:03	VIR	
20 ene 1978	18:29	ACU		18 ago 1981	13:44	LIB	
13 feb 1978	16:06	PIS		12 sep 1981	22:50	ESC	
9 mar 1978	16:28	ARI		9 oct 1981	00:04	SAG	
2 abr 1978	21:13	TAU		5 nov 1981	12:39	CAP	
27 abr 1978	07:53	GEM		8 dic 1981	20:52	ACU	
22 mayo 1978	02:03	CAN		31 dic 1981	19:45	ACU	R
16 jun 1978	06:18	LEO		23 ene 1982	02:56	CAP	R
12 jul 1978	02:13	VIR		10 feb 1982	20:38	CAP	D
8 ago 1978	03:08	LIB		2 mar 1982	11:25	ACU	
7 sep 1978	05:07	ESC		6 abr 1982	12:20	PIS	
18 oct 1978	03:58	ESC	R	4 mayo 1982	12:26	ARI	
28 nov 1978	13:10	ESC	D	30 mayo 1982	21:01	TAU	

FECHA	HORA	SIGNO	MOVIM.	FECHA	HORA	SIGNO	MOVIM.
25 jun 1982	12:12	GEM		20 ene 1986	05:35	ACU	
20 jul 1982	16:20	CAN		13 feb 1986	03:10	PIS	
14 ago 1982	11:09	LEO		9 mar 1986	03:31	ARI	
7 sep 1982	21:37	VIR		2 abr 1986	08:18	TAU	
2 oct 1982	01:32	LIB		26 abr 1986	19:09	GEM	
26 oct 1982	01:18	ESC		21 mayo 1986	13:45	CAN	
18 nov 1982	23:06	SAG		15 jun 1986	18:51	LEO	
12 dic 1982	20:19	CAP		11 jul 1986	16:22	VIR	
5 ene 1983	17:58	ACU		7 ago 1986	20:45	LIB	
29 ene 1983	17:31	PIS		7 sep 1986	10:15	ESC	
22 feb 1983	21:34	ARI		15 oct 1986	16:33	ESC	R
19 mar 1983	09:51	TAU		26 nov 1986	02:47	ESC	D
13 abr 1983	11:25	GEM		7 ene 1987	10:19	SAG	
9 mayo 1983	10:56	CAN		5 feb 1987	03:03	CAP	
6 jun 1983	06:03	LEO		3 mar 1987	07:55	ACU	
10 jul 1983	05:24	VIR		28 mar 1987	16:19	PIS	
3 ago 1983	19:44	VIR	R	22 abr 1987	16:07	ARI	
27 ago 1983	11:43	LEO	R	17 mayo 1987	11:55	TAU	
15 sep 1983	17:22	LEO	D	11 jun 1987	05:15	GEM	
5 oct 1983	19:34	VIR		5 jul 1987	19:49	CAN	
9 nov 1983	10:52	LIB		30 jul 1987	06:49	LEO	
6 dic 1983	16:14	ESC		23 ago 1987	14:00	VIR	
1 ene 1984	01:59	SAG		16 sep 1987	18:11	LIB	
25 ene 1984	18:50	CAP		10 oct 1987	20:48	ESC	
19 feb 1984	04:52	ACU		3 nov 1987	23:03	SAG	
14 mar 1984	12:34	PIS		28 nov 1987	01:51	CAP	
7 abr 1984	20:13	ARI		22 dic 1987	06:28	ACU	
2 mayo 1984	04:53	TAU		15 ene 1988	16:03	PIS	
26 mayo 1984	14:39	GEM		9 feb 1988	13:03	ARI	
20 jun 1984	00:48	CAN		6 mar 1988	10:20	TAU	
14 jul 1984	10:30	LEO		3 abr 1988	17:07	GEM	
7 ago 1984	19:39	VIR		17 mayo 1988	16:26	CAN	
1 sep 1984	05:06	LIB		22 mayo 1988	13:26	CAN	R
25 sep 1984	16:04	ESC		27 mayo 1988	07:35	GEM	R
20 oct 1984	05:45	SAG		4 jul 1988	14:09	GEM	D
13 nov 1984	23:54	CAP		6 ago 1988	23:23	CAN	
9 dic 1984	03:26	ACU		7 sep 1988	11:37	LEO	
4 ene 1985	06:23	PIS		4 oct 1988	13:14	VIR	
2 feb 1985	08:28	ARI		29 oct 1988	23:19	LIB	
13 mar 1985	18:17	ARI	R	23 nov 1988	13:33	ESC	
25 abr 1985	00:09	ARI	D	17 dic 1988	17:55	SAG	
6 jun 1985	08:52	TAU		10 ene 1989	18:07	CAP	
6 jul 1985	08:01	GEM		3 feb 1989	17:14	ACU	
2 ago 1985	09:09	CAN		27 feb 1989	16:58	PIS	
28 ago 1985	03:38	LEO		23 mar 1989	18:31	ARI	
22 sep 1985	02:52	VIR		16 abr 1989	22:52	TAU	
16 oct 1985	13:03	LIB		11 mayo 1989	06:28	GEM	
9 nov 1985	15:07	ESC		4 jun 1989	17:17	CAN	
3 dic 1985	12:59	SAG		29 jun 1989	07:21	LEO	
27 dic 1985	09:17	CAP		24 jul 1989	01:31	VIR	

FECHA	HORA	SIGNO	MOVIM.	FECHA	HORA	SIGNO	MOVIM.
18 ago 1989	01:57	LIB		2 feb 1993	12:37	ARI	
12 sep 1989	12:22	ESC		11 mar 1993	09:28	ARI	R
8 oct 1989	15:59	SAG		22 abr 1993	14:13	ARI	D
5 nov 1989	10:12	CAP		6 jun 1993	10:02	TAU	
10 dic 1989	04:53	ACU		6 jul 1993	00:21	GEM	
29 dic 1989	08:50	ACU	R	1 ago 1993	22:38	CAN	
16 ene 1990	15:22	CAP	R	27 ago 1993	15:48	LEO	
8 feb 1990	09:16	CAP	D	21 sep 1993	14:22	VIR	
3 mar 1990	17:51	ACU		16 oct 1993	00:12	LIB	
6 abr 1990	09:13	PIS		9 nov 1993	02:06	ESC	
4 mayo 1990	03:52	ARI		2 dic 1993	23:53	SAG	
30 mayo 1990	10:13	TAU		26 dic 1993	20:09	CAP	
25 jun 1990	00:14	GEM		19 ene 1994	16:27	ACU	
20 jul 1990	03:40	CAN		12 feb 1994	14:04	PIS	
13 ago 1990	22:04	LEO		8 mar 1994	14:27	ARI	
7 sep 1990	08:20	VIR		1 abr 1994	19:20	TAU	
1 oct 1990	12:12	LIB		26 abr 1994	06:23	GEM	
25 oct 1990	12:03	ESC		21 mayo 1994	01:26	CAN	
18 nov 1990	09:58	SAG		15 jun 1994	07:23	LEO	
12 dic 1990	07:18	CAP		11 jul 1994	06:32	VIR	
5 ene 1991	05:03	ACU		7 ago 1994	14:36	LIB	
29 ene 1991	04:44	PIS		7 sep 1994	17:12	ESC	
22 feb 1991	09:01	ARI		13 oct 1994	05:41	ESC	R
18 mar 1991	21:44	TAU		23 nov 1994	16:57	ESC	D
13 abr 1991	00:10	GEM		7 ene 1995	12:06	SAG	
9 mayo 1991	01:28	CAN		4 feb 1995	20:11	CAP	
6 jun 1991	01:16	LEO		2 mar 1995	22:10	ACU	
11 jul 1991	05:06	VIR		28 mar 1995	05:10	PIS	
1 ago 1991	10:35	VIR	R	22 abr 1995	04:06	ARI	
21 ago 1991	15:05	LEO	R	16 mayo 1995	23:21	TAU	
13 sep 1991	08:56	LEO	D	10 jun 1995	16:18	GEM	
6 oct 1991	21:15	VIR		5 jul 1995	06:38	CAN	
9 nov 1991	06:36	LIB		29 jul 1995	17:31	LEO	
6 dic 1991	07:20	ESC		23 ago 1995	00:42	VIR	
31 dic 1991	15:19	SAG		16 sep 1995	05:00	LIB	
25 ene 1992	07:14	CAP		10 oct 1995	07:48	ESC	
18 feb 1992	16:40	ACU		3 nov 1995	10:18	SAG	
13 mar 1992	23:56	PIS		27 nov 1995	13:23	CAP	
7 abr 1992	07:15	ARI		21 dic 1995	18:22	ACU	
1 mayo 1992	15:41	TAU		15 ene 1996	04:30	PIS	
26 mayo 1992	01:17	GEM		9 feb 1996	02:30	ARI	
19 jun 1992	11:22	CAN		6 mar 1996	02:00	TAU	
13 jul 1992	21:06	LEO		3 abr 1996	15:25	GEM	
7 ago 1992	06:25	VIR		20 mayo 1996	06:08	GEM	R
31 ago 1992	16:08	LIB		2 jul 1996	06:51	GEM	D
25 sep 1992	03:31	ESC		7 ago 1996	06:14	CAN	
19 oct 1992	17:46	SAG		7 sep 1996	05:05	LEO	
13 nov 1992	12:47	CAP		4 oct 1996	03:21	VIR	
8 dic 1992	17:49	ACU		29 oct 1996	12:01	LIB	
3 ene 1993	23:53	PIS		23 nov 1996	01:34	ESC	

FECHA	HORA	SIGNO	MOVIM.	FECHA	HORA	SIGNO	MOVIM.
17 dic 1996	05:33	SAG		25 mayo 2000	12:14	GEM	
10 ene 1997	05:31	CAP		18 jun 2000	22:14	CAN	
3 feb 1997	04:27	ACU		13 jul 2000	08:02	LEO	
27 feb 1997	04:00	PIS		6 ago 2000	17:32	VIR	
23 mar 1997	05:25	ARI		24 sep 2000	15:25	ESC	
16 abr 1997	09:42	TAU		19 oct 2000	06:18	SAG	
10 mayo 1997	17:20	GEM		13 nov 2000	02:14	CAP	
4 jun 1997	04:17	CAN		8 dic 2000	08:48	ACU	
28 jun 1997	18:37	LEO		3 ene 2001	18:13	PIS	
23 jul 1997	13:16	VIR		2 feb 2001	19:13	ARI	
17 ago 1997	14:30	LIB		9 mar 2001	01:07	ARI	R
12 sep 1997	02:16	ESC		20 abr 2001	04:34	ARI	D
8 oct 1997	08:25	SAG		6 jun 2001	10:24	TAU	
5 nov 1997	08:50	CAP		5 jul 2001	16:43	GEM	
12 dic 1997	04:38	ACU		1 ago 2001	12:17	CAN	
26 dic 1997	21:21	ACU	R	27 ago 2001	04:12	LEO	
9 ene 1998	21:03	CAP	R	21 sep 2001	02:09	VIR	
5 feb 1998	21:26	CAP	D	15 oct 2001	11:42	LIB	
4 mar 1998	16:14	ACU		8 nov 2001	13:28	ESC	
6 abr 1998	05:38	PIS		2 dic 2001	11:11	SAG	
3 mayo 1998	19:16	ARI		26 dic 2001	07:25	CAP	
29 mayo 1998	23:32	TAU		19 ene 2002	03:42	ACU	
24 jun 1998	12:27	GEM		12 feb 2002	01:17	PIS	
19 jul 1998	15:16	CAN		8 mar 2002	01:41	ARI	
13 ago 1998	09:19	LEO		1 abr 2002	06:39	TAU	
6 sep 1998	19:24	VIR		25 abr 2002	17:56	GEM	
30 sep 1998	23:13	LIB		20 mayo 2002	13:27	CAN	
24 oct 1998	23:06	ESC		14 jun 2002	20:16	LEO	
17 nov 1998	21:06	SAG		10 jul 2002	21:08	VIR	
11 dic 1998	18:32	CAP		7 ago 2002	09:08	LIB	
4 ene 1999	16:25	ACU		8 sep 2002	03:04	ESC	
28 ene 1999	16:16	PIS		10 oct 2002	18:35	ESC	R
21 feb 1999	20:49	ARI		21 nov 2002	07:13	ESC	D
18 mar 1999	09:59	TAU		7 ene 2003	13:07	SAG	
12 abr 1999	13:16	GEM		4 feb 2003	13:26	CAP	
8 mayo 1999	16:28	CAN		2 mar 2003	12:39	ACU	
5 jun 1999	21:24	LEO		27 mar 2003	18:13	PIS	
12 jul 1999	15:17	VIR		21 abr 2003	16:17	ARI	
30 jul 1999	01:42	VIR	R	16 mayo 2003	10:58	TAU	
15 ago 1999	14:11	LEO	R	10 jun 2003	03:31	GEM	
11 sep 1999	00:23	LEO	D	4 jul 2003	17:38	CAN	
7 oct 1999	16:50	VIR		29 jul 2003	04:25	LEO	
9 nov 1999	02:18	LIB		22 ago 2003	11:35	VIR	
5 dic 1999	22:41	ESC		15 sep 2003	15:57	LIB	
31 dic 1999	04:53	SAG		9 oct 2003	18:56	ESC	
24 ene 2000	19:52	CAP		2 nov 2003	21:42	SAG	
18 feb 2000	04:43	ACU		27 nov 2003	01:07	CAP	
13 mar 2000	11:36	PIS		21 dic 2003	06:32	ACU	
6 abr 2000	18:37	ARI		14 ene 2004	17:15	PIS	
1 mayo 2000	02:48	TAU		8 feb 2004	16:20	ARI	

FECHA	HORA	SIGNO	MOVIM.	FECHA	HORA	SIGNO	MOVIM.
5 mar 2004	18:12	TAU		8 oct 2007	06:52	VIR	
3 abr 2004	14:56	GEM		8 nov 2007	21:05	LIB	
17 mayo 2004	22:28	GEM	R	5 dic 2007	13:28	ESC	
29 jun 2004	23:15	GEM	D	30 dic 2007	18:01	SAG	
7 ago 2004	11:02	CAN		24 ene 2008	08:05	CAP	
6 sep 2004	22:15	LEO		17 feb 2008	16:22	ACU	
3 oct 2004	17:20	VIR		12 mar 2008	22:51	PIS	
29 oct 2004	00:39	LIB		6 abr 2008	05:35	ARI	
22 nov 2004	13:31	ESC		30 abr 2008	13:34	TAU	
16 dic 2004	17:09	SAG		24 mayo 2008	22:51	GEM	
9 ene 2005	16:55	CAP		18 jun 2008	08:48	CAN	
2 feb 2005	15:42	ACU		12 jul 2008	18:58	LEO	
26 feb 2005	15:07	PIS		6 ago 2008	04:19	VIR	
22 mar 2005	16:24	ARI		30 ago 2008	14:41	LIB	
15 abr 2005	20:36	TAU		24 sep 2008	02:59	ESC	
10 mayo 2005	04:14	GEM		18 oct 2008	18:30	SAG	
3 jun 2005	15:17	CAN		12 nov 2008	15:24	CAP	
28 jun 2005	05:53	LEO		7 dic 2008	23:36	ACU	
23 jul 2005	01:01	VIR		3 ene 2009	12:35	PIS	
17 ago 2005	03:04	LIB		3 feb 2009	03:40	ARI	
11 sep 2005	16:14	ESC		6 mar 2009	17:17	ARI	R
8 oct 2005	01:00	SAG		11 abr 2009	12:46	PIS	R
5 nov 2005	08:10	CAP		17 abr 2009	19:24	PIS	D
15 dic 2005	15:57	ACU		24 abr 2009	07:18	ARI	
24 dic 2005	09:36	ACU	R	6 jun 2009	09:06	TAU	
1 ene 2006	20:18	CAP	R	5 jul 2009	08:22	GEM	
3 feb 2006	09:19	CAP	D	1 ago 2009	01:27	CAN	
5 mar 2006	08:38	ACU		26 ago 2009	16:11	LEO	
6 abr 2006	01:20	PIS		20 sep 2009	13:32	VIR	
3 mayo 2006	10:24	ARI		14 oct 2009	22:46	LIB	
29 mayo 2006	12:41	TAU		8 nov 2009	00:23	ESC	
24 jun 2006	00:31	GEM		1 dic 2009	22:03	SAG	
19 jul 2006	02:41	CAN		25 dic 2009	18:17	CAP	
12 ago 2006	20:20	LEO		18 ene 2010	14:34	ACU	
6 sep 2006	06:14	VIR		11 feb 2010	12:09	PIS	
30 sep 2006	10:01	LIB		7 mar 2010	12:33	ARI	
24 oct 2006	09:57	ESC		31 mar 2010	17:34	TAU	
17 nov 2006	08:02	SAG		25 abr 2010	05:05	GEM	
11 dic 2006	05:33	CAP		20 mayo 2010	01:04	CAN	
4 ene 2007	03:31	ACU		14 jun 2010	08:49	LEO	
28 ene 2007	03:52	PIS		10 jul 2010	11:31	VIR	
21 feb 2007	08:21	ARI		7 ago 2010	03:47	LIB	
17 mar 2007	22:00	TAU		8 sep 2010	15:44	ESC	
12 abr 2007	02:14	GEM		8 oct 2010	07:05	ESC	R
8 mayo 2007	07:28	CAN		8 nov 2010	03:05	LIB	R
5 jun 2007	17:59	LEO		18 nov 2010	21:18	LIB	D
14 jul 2007	18:23	VIR		30 nov 2010	00:33	ESC	
27 jul 2007	17:28	VIR	R	7 ene 2011	12:30	SAG	
9 ago 2007	01:10	LEO	R	4 feb 2011	05:58	CAP	
8 sep 2007	16:14	LEO	D	2 mar 2011	02:38	ACU	

FECHA	HORA	SIGNO	MOVIM.	FECHA	HORA	SIGNO	MOVIM.
27 mar 2011	06:52	PIS		10 dic 2014	16:41	CAP	
21 abr 2011	04:06	ARI		3 ene 2015	14:48	ACU	
15 mayo 2011	22:12	TAU		27 ene 2015	14:59	PIS	
9 jun 2011	14:23	GEM		20 feb 2015	20:05	ARI	
4 jul 2011	04:16	CAN		17 mar 2015	10:14	TAU	
28 jul 2011	14:58	LEO		11 abr 2015	15:28	GEM	
21 ago 2011	22:10	VIR		7 mayo 2015	22:51	CAN	
15 sep 2011	02:39	LIB		5 jun 2015	15:32	LEO	
9 oct 2011	05:49	ESC		18 jul 2015	22:38	VIR	
2 nov 2011	08:51	SAG		25 jul 2015	09:29	VIR	R
26 nov 2011	12:36	CAP		31 jul 2015	15:27	LEO	R
20 dic 2011	18:26	ACU		6 sep 2015	08:29	LEO	D
14 ene 2012	05:47	PIS		8 oct 2015	17:29	VIR	
8 feb 2012	06:00	ARI		8 nov 2015	15:30	LIB	
5 mar 2012	10:24	TAU		5 dic 2015	04:15	ESC	
3 abr 2012	15:17	GEM		30 dic 2015	07:16	SAG	
15 mayo 2012	14:33	GEM	R	23 ene 2016	20:31	CAP	
27 jun 2012	15:07	GEM	D	17 feb 2016	04:16	ACU	
7 ago 2012	13:42	CAN		12 mar 2016	10:23	PIS	
6 sep 2012	14:47	LEO		5 abr 2016	16:50	ARI	
3 oct 2012	06:58	VIR		30 abr 2016	00:35	TAU	
28 oct 2012	13:03	LIB		24 mayo 2016	09:44	GEM	
22 nov 2012	01:19	ESC		17 jun 2016	19:38	CAN	
16 dic 2012	04:38	SAG		12 jul 2016	05:34	LEO	
9 ene 2013	04:10	CAP		5 ago 2016	15:26	VIR	
2 feb 2013	02:46	ACU		30 ago 2016	02:06	LIB	
26 feb 2013	02:02	PIS		23 sep 2016	14:50	ESC	
22 mar 2013	03:15	ARI		18 oct 2016	07:00	SAG	
15 abr 2013	07:24	TAU		12 nov 2016	04:54	CAP	
9 mayo 2013	15:03	GEM		7 dic 2016	14:51	ACU	
3 jun 2013	02:12	CAN		3 ene 2017	07:46	PIS	
27 jun 2013	17:03	LEO		3 feb 2017	15:51	ARI	
22 jul 2013	12:40	VIR		4 mar 2017	09:09	ARI	R
16 ago 2013	15:36	LIB		3 abr 2017	00:25	PIS	R
11 sep 2013	06:15	ESC		15 abr 2017	10:18	PIS	D
7 oct 2013	17:53	SAG		28 abr 2017	13:13	ARI	
5 nov 2013	08:42	CAP		6 jun 2017	07:26	TAU	
21 dic 2013	21:53	CAP	R	5 jul 2017	00:11	GEM	
31 ene 2014	20:49	CAP	D	31 jul 2017	14:53	CAN	
5 mar 2014	21:03	ACU		26 ago 2017	04:29	LEO	
5 abr 2014	20:30	PIS		20 sep 2017	01:15	VIR	
3 mayo 2014	01:21	ARI		14 oct 2017	10:11	LIB	
29 mayo 2014	01:45	TAU		7 nov 2017	11:38	ESC	
23 jun 2014	12:33	GEM		1 dic 2017	09:14	SAG	
18 jul 2014	14:06	CAN		25 dic 2017	05:25	CAP	
12 ago 2014	07:23	LEO		18 ene 2018	01:43	ACU	
5 sep 2014	17:06	VIR		10 feb 2018	23:19	PIS	
29 sep 2014	20:52	LIB		6 mar 2018	23:45	ARI	
23 oct 2014	20:52	ESC		31 mar 2018	04:53	TAU	
16 nov 2014	19:03	SAG		24 abr 2018	16:39	GEM	

FECHA	HORA	SIGNO	MOVIM.	FECHA	HORA	SIGNO	MOVIM.
19 mayo 2018	13:10	CAN		29 ene 2022	08:46	CAP	D
13 jun 2018	21:54	LEO		6 mar 2022	06:29	ACU	
10 jul 2018	02:31	VIR		5 abr 2022	15:17	PIS	
6 ago 2018	23:27	LIB		2 mayo 2022	16:10	ARI	
9 scp 2018	09:25	ESC		28 mayo 2022	14:45	TAU	
5 oct 2018	19:04	ESC	R	23 jun 2022	00:34	GEM	
31 oct 2018	19:41	LIB	R	18 jul 2022	01:32	CAN	
16 nov 2018	10:51	LIB	D	11 ago 2022	18:29	LEO	
2 dic 2018	17:01	ESC		5 sep 2022	04:04	VIR	
7 ene 2019	11:17	SAG		29 sep 2022	07:49	LIB	
3 feb 2019	22:29	CAP		23 oct 2022	07:51	ESC	
1 mar 2019	16:45	ACU		16 nov 2022	06:08	SAG	
26 mar 2019	19:43	PIS		10 dic 2022	03:54	CAP	
20 abr 2019	16:10	ARI		3 ene 2023	02:09	ACU	
15 mayo 2019	09:45	TAU		27 ene 2023	02:32	PIS	
9 jun 2019	01:36	GEM		20 feb 2023	07:55	ARI	
3 jul 2019	15:18	CAN		16 mar 2023	22:34	TAU	
28 jul 2019	01:53	LEO		11 abr 2023	04:47	GEM	
21 ago 2019	09:06	VIR		7 mayo 2023	14:24	CAN	
14 sep 2019	13:43	LIB		5 jun 2023	13:46	LEO	
8 oct 2019	17:05	ESC		23 jul 2023	01:33	LEO	R
1 nov 2019	20:24	SAG		4 sep 2023	01:20	LEO	D
26 nov 2019	00:28	CAP		9 oct 2023	01:10	VIR	
20 dic 2019	06:41	ACU		8 nov 2023	09:30	LIB	
13 ene 2020	18:38	PIS		4 dic 2023	18:50	ESC	
7 feb 2020	20:02	ARI		29 dic 2023	20:23	SAG	
5 mar 2020	03:07	TAU		23 ene 2024	08:50	CAP	
3 abr 2020	17:10	GEM		16 feb 2024	16:05	ACU	
13 mayo 2020	06:45	GEM	R	11 mar 2024	21:50	PIS	
25 jun 2020	06:48	GEM	D	5 abr 2024	03:59	ARI	
7 ago 2020	15:21	CAN		29 abr 2024	11:31	TAU	
6 sep 2020	07:21	LEO		23 mayo 2024	20:30	GEM	
2 oct 2020	20:47	VIR		17 jun 2024	06:20	CAN	
28 oct 2020	01:41	LIB		11 jul 2024	16:18	LEO	
21 nov 2020	13:21	ESC		5 ago 2024	02:22	VIR	
15 dic 2020	16:21	SAG		29 ago 2024	13:22	LIB	
8 ene 2021	15:40	CAP		23 sep 2024	02:35	ESC	
1 feb 2021	14:05	ACU		17 oct 2024	19:28	SAG	
25 feb 2021	13:11	PIS		11 nov 2024	18:25	CAP	
21 mar 2021	14:16	ARI		7 dic 2024	06:13	ACU	
14 abr 2021	18:21	TAU		3 ene 2025	03:23	PIS	
9 mayo 2021	02:01	GEM		4 feb 2025	07:56	ARI	
2 jun 2021	13:18	CAN		2 mar 2025	00:36	ARI	R
27 jun 2021	04:26	LEO		27 mar 2025	08:40	PIS	R
22 jul 2021	00:36	VIR		13 abr 2025	01:02	PIS	D
16 ago 2021	04:26	LIB		30 abr 2025	17:15	ARI	
10 sep 2021	20:38	ESC		6 jun 2025	04:42	TAU	
7 oct 2021	11:20	SAG		4 jul 2025	15:30	GEM	
5 nov 2021	10:43	CAP		31 jul 2025	03:56	CAN	
19 dic 2021	10:36	CAP	R	25 ago 2025	16:26	LEO	

Tablas de Venus

FECHA	HORA	SIGNO	MOVIM.
19 sep 2025	12:38	VIR	
13 oct 2025	21:18	LIB	
6 nov 2025	22:39	ESC	
30 nov 2025	20:13	SAG	
24 dic 2025	16:25	CAP	
17 ene 2026	12:43	ACU	
10 feb 2026	10:18	PIS	
6 mar 2026	10:45	ARI	
30 mar 2026	16:00	TAU	
24 abr 2026	04:03	GEM	
19 mayo 2026	01:05	CAN	
13 jun 2026	10:46	LEO	
9 jul 2026	17:21	VIR	
6 ago 2026	19:12	LIB	
10 sep 2026	08:06	ESC	
3 oct 2026	07:16	ESC	R
25 oct 2026	09:09	LIB	R
14 nov 2026	00:27	LIB	D
4 dic 2026	08:12	ESC	
7 ene 2027	08:53	SAG	
3 feb 2027	14:30	CAP	
1 mar 2027	06:32	ACU	
26 mar 2027	08:16	PIS	
20 abr 2027	03:56	ARI	
14 mayo 2027	21:01	TAU	
8 jun 2027	12:32	GEM	
3 jul 2027	02:01	CAN	
27 jul 2027	12:30	LEO	
20 ago 2027	19:42	VIR	
14 sep 2027	00:24	LIB	
8 oct 2027	03:58	ESC	
1 nov 2027	07:34	SAG	
25 nov 2027	11:59	CAP	
19 dic 2027	18:39	ACU	
13 ene 2028	07:19	PIS	
7 feb 2028	10:00	ARI	
4 mar 2028	20:00	TAU	
3 abr 2028	20:27	GEM	
10 mayo 2028	23:02	GEM	R
22 jun 2028	22:12	GEM	D
7 ago 2028	15:25	CAN	
5 sep 2028	23:17	LEO	
2 oct 2028	10:07	VIR	
27 oct 2028	13:51	LIB	
21 nov 2028	00:57	ESC	
15 dic 2028	03:38	SAG	
8 ene 2029	02:46	CAP	
1 feb 2029	01:02	ACU	
25 feb 2029	00:03	PIS	
21 mar 2029	01:03	ARI	
14 abr 2029	05:06	TAU	
8 mayo 2029	12:45	GEM	
2 jun 2029	00:10	CAN	
26 jun 2029	15:37	LEO	
21 jul 2029	12:20	VIR	
15 ago 2029	17:06	LIB	
10 sep 2029	10:54	ESC	
7 oct 2029	04:47	SAG	
5 nov 2029	13:38	CAP	
16 dic 2029	23:47	CAP	R
26 ene 2030	21:33	CAP	D
6 mar 2030	12:50	ACU	
5 abr 2030	09:18	PIS	
2 mayo 2030	06:37	ARI	
28 mayo 2030	03:32	TAU	
22 jun 2030	12:23	GEM	
17 jul 2030	12:45	CAN	
11 ago 2030	05:23	LEO	
4 sep 2030	14:50	VIR	
28 sep 2030	18:33	LIB	
22 oct 2030	18:39	ESC	
15 nov 2030	17:00	SAG	
9 dic 2030	14:51	CAP	

Tablas de Marte

Busca el año y la fecha en que naciste y descubre cuál es tu signo de Marte.
En las pp. 30-32 encontrarás las instrucciones completas.

FECHA	HORA	SIGNO	MOVIM.	FECHA	HORA	SIGNO	MOVIM.
15 ene 1955	04:33	ARI		20 jun 1960	09:04	TAU	
26 feb 1955	10:22	TAU		2 ago 1960	04:31	GEM	
10 abr 1955	23:08	GEM		21 sep 1960	04:06	CAN	
26 mayo 1955	00:49	CAN		20 nov 1960	17:04	CAN	R
11 jul 1955	09:22	LEO		5 feb 1961	00:25	GEM	R
27 ago 1955	10:13	VIR		6 feb 1961	02:51	GEM	D
13 oct 1955	11:19	LIB		7 feb 1961	05:23	CAN	
29 nov 1955	01:33	ESC		6 mayo 1961	01:12	LEO	
14 ene 1956	02:27	SAG		28 jun 1961	23:47	VIR	
28 feb 1956	20:04	CAP		17 ago 1961	00:41	LIB	
14 abr 1956	23:39	ACU		1 oct 1961	20:02	ESC	
3 jun 1956	07:51	PIS		13 nov 1961	21:50	SAG	
10 ago 1956	16:18	PIS	R	24 dic 1961	17:49	CAP	
10 oct 1956	10:06	PIS	D	1 feb 1962	23:06	ACU	
6 dic 1956	11:23	ARI		12 mar 1962	07:58	PIS	
28 ene 1957	14:18	TAU		19 abr 1962	16:58	ARI	
17 mar 1957	21:33	GEM		28 mayo 1962	23:47	TAU	
4 mayo 1957	15:21	CAN		9 jul 1962	03:49	GEM	
21 jun 1957	12:17	LEO		22 ago 1962	11:37	CAN	
8 ago 1957	05:26	VIR		11 oct 1962	23:54	LEO	
24 sep 1957	04:31	LIB		26 dic 1962	06:11	LEO	R
8 nov 1957	21:03	ESC		16 mar 1963	17:21	LEO	D
23 dic 1957	01:29	SAG		3 jun 1963	06:29	VIR	
3 feb 1958	18:56	CAP		27 jul 1963	04:14	LIB	
17 mar 1958	07:10	ACU		12 sep 1963	09:11	ESC	
27 abr 1958	02:30	PIS		25 oct 1963	17:31	SAG	
7 jun 1958	06:20	ARI		5 dic 1963	09:03	CAP	
21 jul 1958	07:03	TAU		13 ene 1964	06:13	ACU	
21 sep 1958	05:25	GEM		20 feb 1964	07:32	PIS	
10 oct 1958	09:46	GEM	R	29 mar 1964	11:24	ARI	
29 oct 1958	00:00	TAU	R	7 mayo 1964	14:40	TAU	
20 dic 1958	06:46	TAU	D	17 jun 1964	11:42	GEM	
10 feb 1959	13:57	GEM		30 jul 1964	18:22	CAN	
10 abr 1959	09:46	CAN		15 sep 1964	05:22	LEO	
1 jun 1959	02:25	LEO		6 nov 1964	03:19	VIR	
20 jul 1959	11:03	VIR		28 ene 1965	22:38	VIR	R
5 sep 1959	22:46	LIB		19 abr 1965	21:56	VIR	D
21 oct 1959	09:40	ESC		29 jun 1965	01:11	LIB	
3 dic 1959	18:08	SAG		20 ago 1965	12:16	ESC	
14 ene 1960	04:59	CAP		4 oct 1965	06:45	SAG	
23 feb 1960	04:11	ACU		14 nov 1965	07:18	CAP	
2 abr 1960	06:24	PIS		23 dic 1965	05:36	ACU	
11 mayo 1960	07:18	ARI		30 ene 1966	07:01	PIS	

FECHA	HORA	SIGNO	MOVIM.	FECHA	HORA	SIGNO	MOVIM.
9 mar 1966	12:55	ARI		30 sep 1972	23:22	LIB	
17 abr 1966	20:34	TAU		15 nov 1972	22:16	ESC	
28 mayo 1966	22:07	GEM		30 dic 1972	16:12	SAG	
11 jul 1966	03:14	CAN		12 feb 1973	05:50	CAP	
25 ago 1966	15:51	LEO		26 mar 1973	20:58	ACU	
12 oct 1966	18:36	VIR		8 mayo 1973	04:08	PIS	
4 dic 1966	00:54	LIB		20 jun 1973	20:53	ARI	
12 feb 1967	12:19	ESC		12 ago 1973	14:56	TAU	
8 mar 1967	17:44	ESC	R	19 sep 1973	23:19	TAU	R
31 mar 1967	06:09	LIB	R	29 oct 1973	22:55	ARI	R
26 mayo 1967	09:29	LIB	D	26 nov 1973	00:06	ARI	D
19 jul 1967	22:55	ESC		24 dic 1973	08:08	TAU	
10 sep 1967	01:44	SAG		27 feb 1974	10:10	GEM	
23 oct 1967	02:14	CAP		20 abr 1974	08:18	CAN	
1 dic 1967	20:11	ACU		9 jun 1974	00:53	LEO	
9 ene 1968	09:49	PIS		27 jul 1974	14:04	VIR	
17 feb 1968	03:17	ARI		12 sep 1974	19:08	LIB	
27 mar 1968	23:43	TAU		28 oct 1974	07:04	ESC	
8 mayo 1968	14:14	GEM		10 dic 1974	22:05	SAG	
21 jun 1968	05:03	CAN		21 ene 1975	18:49	CAP	
5 ago 1968	17:06	LEO		3 mar 1975	05:31	ACU	
21 sep 1968	18:38	VIR		11 abr 1975	19:15	PIS	
9 nov 1968	06:09	LIB		21 mayo 1975	08:13	ARI	
29 dic 1968	22:07	ESC		1 jul 1975	03:52	TAU	
25 feb 1969	06:20	SAG		14 ago 1975	20:46	GEM	
27 abr 1969	11:24	SAG	R	17 oct 1975	08:43	CAN	
8 jul 1969	06:07	SAG	D	6 nov 1975	12:01	CAN	R
21 sep 1969	06:35	CAP		25 nov 1975	18:30	GEM	R
4 nov 1969	18:50	ACU		20 ene 1976	21:27	GEM	D
15 dic 1969	14:22	PIS		18 mar 1976	13:14	CAN	
24 ene 1970	21:29	ARI		16 mayo 1976	11:10	LEO	
7 mar 1970	01:28	TAU		6 jul 1976	23:26	VIR	
18 abr 1970	18:58	GEM		24 ago 1976	05:54	LIB	
2 jun 1970	06:50	CAN		8 oct 1976	20:23	ESC	
18 jul 1970	06:42	LEO		20 nov 1976	23:53	SAG	
3 sep 1970	04:57	VIR		1 ene 1977	00:41	CAP	
20 oct 1970	10:56	LIB		9 feb 1977	11:56	ACU	
6 dic 1970	16:34	ESC		20 mar 1977	02:19	PIS	
23 ene 1971	01:33	SAG		27 abr 1977	15:45	ARI	
12 mar 1971	10:11	CAP		6 jun 1977	02:59	TAU	
3 mayo 1971	20:57	ACU		17 jul 1977	15:12	GEM	
11 jul 1971	06:30	ACU	R	1 sep 1977	00:19	CAN	
9 sep 1971	13:51	ACU	D	26 oct 1977	18:55	LEO	
6 nov 1971	12:31	PIS		12 dic 1977	19:12	LEO	R
26 dic 1971	18:04	ARI		26 ene 1978	01:59	CAN	R
10 feb 1972	14:03	TAU		2 mar 1978	09:56	CAN	D
27 mar 1972	04:29	GEM		10 abr 1978	18:49	LEO	
12 mayo 1972	13:14	CAN		14 jun 1978	02:37	VIR	
28 jun 1972	16:08	LEO		4 ago 1978	09:06	LIB	
15 ago 1972	00:58	VIR		19 sep 1978	20:56	ESC	

FECHA	HORA	SIGNO	MOVIM.	FECHA	HORA	SIGNO	MOVIM.
2 nov 1978	01:20	SAG		26 abr 1985	09:12	GEM	
12 dic 1978	17:38	CAP		9 jun 1985	10:40	CAN	
20 ene 1979	17:07	ACU		25 jul 1985	04:03	LEO	
27 feb 1979	20:24	PIS		10 sep 1985	01:31	VIR	
7 abr 1979	01:08	ARI		27 oct 1985	15:15	LIB	
16 mayo 1979	04:25	TAU		14 dic 1985	18:59	ESC	
26 jun 1979	01:54	GEM		2 feb 1986	06:26	SAG	
8 ago 1979	13:28	CAN		28 mar 1986	03:46	CAP	
24 sep 1979	21:20	LEO		8 jun 1986	23:25	CAP	R
19 nov 1979	21:35	VIR		12 ago 1986	07:46	CAP	D
16 ene 1980	06:18	VIR	R	9 oct 1986	01:01	ACU	
11 mar 1980	20:46	LEO	R	26 nov 1986	02:35	PIS	
6 abr 1980	08:27	LEO	D	8 ene 1987	12:20	ARI	
4 mayo 1980	02:26	VIR		20 feb 1987	14:43	TAU	
10 jul 1980	17:58	LIB		5 abr 1987	16:37	GEM	
29 ago 1980	05:49	ESC		21 mayo 1987	03:01	CAN	
12 oct 1980	06:26	SAG		6 jul 1987	16:46	LEO	
22 nov 1980	01:42	CAP		22 ago 1987	19:51	VIR	
30 dic 1980	22:30	ACU		8 oct 1987	19:27	LIB	
6 feb 1981	22:48	PIS		24 nov 1987	03:19	ESC	
17 mar 1981	02:39	ARI		8 ene 1988	15:24	SAG	
25 abr 1981	07:16	TAU		22 feb 1988	10:14	CAP	
5 jun 1981	05:26	GEM		6 abr 1988	21:44	ACU	
18 jul 1981	08:54	CAN		22 mayo 1988	07:41	PIS	
2 sep 1981	01:51	LEO		13 jul 1988	19:59	ARI	
21 oct 1981	01:56	VIR		26 ago 1988	14:40	ARI	R
16 dic 1981	00:14	LIB		23 oct 1988	22:01	PIS	R
20 feb 1982	19:13	LIB	R	28 oct 1988	05:07	PIS	D
11 mayo 1982	18:35	LIB	D	1 nov 1988	12:57	ARI	
3 ago 1982	11:45	ESC		19 ene 1989	08:11	TAU	
20 sep 1982	01:20	SAG		11 mar 1989	08:51	GEM	
31 oct 1982	23:04	CAP		29 abr 1989	04:37	CAN	
10 dic 1982	06:16	ACU		16 jun 1989	14:10	LEO	
17 ene 1983	13:10	PIS		3 ago 1989	13:35	VIR	
25 feb 1983	00:19	ARI		19 sep 1989	14:37	LIB	
5 abr 1983	14:03	TAU		4 nov 1989	05:29	ESC	
16 mayo 1983	21:43	GEM		18 dic 1989	04:56	SAG	
29 jun 1983	06:53	CAN		29 ene 1990	14:10	CAP	
13 ago 1983	16:54	LEO		11 mar 1990	15:53	ACU	
30 sep 1983	00:11	VIR		20 abr 1990	22:08	PIS	
18 nov 1983	10:25	LIB		31 mayo 1990	07:10	ARI	
11 ene 1984	03:19	ESC		12 jul 1990	14:43	TAU	
5 abr 1984	12:22	ESC	R	31 ago 1990	11:39	GEM	
19 jun 1984	18:17	ESC	D	20 oct 1990	19:30	GEM	R
17 ago 1984	19:50	SAG		14 dic 1990	07:45	TAU	R
5 oct 1984	06:02	CAP		1 ene 1991	12:49	TAU	D
15 nov 1984	18:08	ACU		21 ene 1991	01:15	GEM	
25 dic 1984	06:37	PIS		3 abr 1991	00:48	CAN	
2 feb 1985	17:19	ARI		26 mayo 1991	12:19	LEO	
15 mar 1985	05:06	TAU		15 jul 1991	12:36	VIR	

FECHA	HORA	SIGNO	MOVIM.	FECHA	HORA	SIGNO	MOVIM.
1 sep 1991	06:38	LIB		18 dic 1997	06:36	ACU	
16 oct 1991	19:04	ESC		25 ene 1998	09:26	PIS	
29 nov 1991	02:18	SAG		4 mar 1998	16:17	ARI	
9 ene 1992	09:46	CAP		13 abr 1998	01:04	TAU	
18 feb 1992	04:37	ACU		24 mayo 1998	03:42	GEM	
28 mar 1992	02:04	PIS		6 jul 1998	08:59	CAN	
5 mayo 1992	21:35	ARI		20 ago 1998	19:15	LEO	
14 jun 1992	15:55	TAU		7 oct 1998	12:28	VIR	
26 jul 1992	18:58	GEM		27 nov 1998	10:10	LIB	
12 sep 1992	06:05	CAN		26 ene 1999	11:59	ESC	
28 nov 1992	23:31	CAN	R	18 mar 1999	13:41	ESC	R
15 feb 1993	07:43	CAN	D	5 mayo 1999	21:32	LIB	R
27 abr 1993	23:40	LEO		4 jun 1999	06:11	LIB	D
23 jun 1993	07:42	VIR		5 jul 1999	03:59	ESC	
12 ago 1993	01:10	LIB		2 sep 1999	19:29	SAG	
27 sep 1993	02:15	ESC		17 oct 1999	01:35	CAP	
9 nov 1993	05:29	SAG		26 nov 1999	06:56	ACU	
20 dic 1993	00:33	CAP		4 ene 2000	03:00	PIS	
28 ene 1994	04:05	ACU		12 feb 2000	01:04	ARI	
7 mar 1994	11:01	PIS		23 mar 2000	01:25	TAU	
14 abr 1994	18:01	ARI		3 mayo 2000	19:18	GEM	
23 mayo 1994	22:36	TAU		16 jun 2000	12:29	CAN	
3 jul 1994	22:30	GEM		1 ago 2000	01:20	LEO	
16 ago 1994	19:14	CAN		17 sep 2000	00:19	VIR	
4 oct 1994	15:48	LEO		4 nov 2000	02:00	LIB	
12 dic 1994	11:31	VIR		23 dic 2000	14:37	ESC	
2 ene 1995	21:27	VIR	R	14 feb 2001	20:05	SAG	
22 ene 1995	23:48	LEO	R	11 mayo 2001	16:08	SAG	R
24 mar 1995	17:18	LEO	D	19 jul 2001	22:45	SAG	D
25 mayo 1995	16:09	VIR		8 sep 2001	17:50	CAP	
21 jul 1995	09:20	LIB		27 oct 2001	17:19	ACU	
7 sep 1995	06:59	ESC		8 dic 2001	21:52	PIS	
20 oct 1995	21:02	SAG		18 ene 2002	22:53	ARI	
30 nov 1995	13:57	CAP		1 mar 2002	15:04	TAU	
8 ene 1996	11:01	ACU		13 abr 2002	17:35	GEM	
15 feb 1996	11:49	PIS		28 mayo 2002	11:42	CAN	
24 mar 1996	15:12	ARI		13 jul 2002	15:23	LEO	
2 mayo 1996	18:16	TAU		29 ago 2002	14:37	VIR	
12 jun 1996	14:42	GEM		15 oct 2002	17:37	LIB	
25 jul 1996	18:31	CAN		1 dic 2002	14:26	ESC	
9 sep 1996	20:01	LEO		17 ene 2003	04:23	SAG	
30 oct 1996	07:12	VIR		4 mar 2003	21:16	CAP	
3 ene 1997	08:10	LIB		21 abr 2003	23:48	ACU	
6 feb 1997	00:37	LIB	R	17 jun 2003	02:25	PIS	
8 mar 1997	19:49	VIR	R	29 jul 2003	07:37	PIS	R
27 abr 1997	19:09	VIR	D	27 sep 2003	07:52	PIS	D
19 jun 1997	08:29	LIB		16 dic 2003	13:23	ARI	
14 ago 1997	08:42	ESC		3 feb 2004	10:04	TAU	
28 sep 1997	22:22	SAG		21 mar 2004	07:39	GEM	
9 nov 1997	05:32	CAP		7 mayo 2004	08:45	CAN	

FECHA	HORA	SIGNO	MOVIM.	FECHA	HORA	SIGNO	MOVIM.
23 jun 2004	20:50	LEO		15 ene 2011	22:41	ACU	
10 ago 2004	10:14	VIR		23 feb 2011	01:05	PIS	
26 sep 2004	09:15	LIB		2 abr 2011	04:51	ARI	
11 nov 2004	05:10	ESC		11 mayo 2011	07:03	TAU	
25 dic 2004	16:03	SAG		21 jun 2011	02:49	GEM	
6 feb 2005	18:31	CAP		3 ago 2011	09:21	CAN	
20 mar 2005	18:01	ACU		19 sep 2011	01:50	LEO	
1 mayo 2005	02:57	PIS		11 nov 2011	04:15	VIR	
12 jun 2005	02:29	ARI		24 ene 2012	00:54	VIR	R
28 jul 2005	05:12	TAU		14 abr 2012	03:53	VIR	D
1 oct 2005	22:04	TAU	R	3 jul 2012	12:31	LIB	
10 dic 2005	04:03	TAU	D	23 ago 2012	15:24	ESC	
17 feb 2006	22:43	GEM		7 oct 2012	03:20	SAG	
14 abr 2006	00:59	CAN		17 nov 2012	02:36	CAP	
3 jun 2006	18:43	LEO		26 dic 2012	00:48	ACU	
22 jul 2006	18:52	VIR		2 feb 2013	01:53	PIS	
8 sep 2006	04:18	LIB		12 mar 2013	06:25	ARI	
23 oct 2006	16:37	ESC		20 abr 2013	11:48	TAU	
6 dic 2006	04:58	SAG		31 mayo 2013	10:38	GEM	
16 ene 2007	20:54	CAP		13 jul 2013	13:22	CAN	
26 feb 2007	01:32	ACU		28 ago 2013	02:05	LEO	
6 abr 2007	08:49	PIS		15 oct 2013	11:04	VIR	
15 mayo 2007	14:06	ARI		7 dic 2013	20:41	LIB	
24 jun 2007	21:26	TAU		1 mar 2014	16:23	LIB	R
7 ago 2007	06:01	GEM		20 mayo 2014	01:31	LIB	D
28 sep 2007	23:54	CAN		26 jul 2014	02:24	ESC	
15 nov 2007	08:25	CAN	R	13 sep 2014	21:56	SAG	
31 dic 2007	16:00	GEM	R	26 oct 2014	10:42	CAP	
30 ene 2008	22:33	GEM	D	4 dic 2014	23:56	ACU	
4 mar 2008	10:01	CAN		12 ene 2015	10:20	PIS	
9 mayo 2008	20:19	LEO		20 feb 2015	00:11	ARI	
1 jul 2008	16:21	VIR		31 mar 2015	16:26	TAU	
19 ago 2008	10:03	LIB		12 mayo 2015	02:40	GEM	
4 oct 2008	04:33	ESC		24 jun 2015	13:32	CAN	
16 nov 2008	08:26	SAG		8 ago 2015	23:32	LEO	
27 dic 2008	07:30	CAP		25 sep 2015	02:17	VIR	
4 feb 2009	15:55	ACU		12 nov 2015	21:40	LIB	
15 mar 2009	03:19	PIS		3 ene 2016	14:32	ESC	
22 abr 2009	13:44	ARI		6 mar 2016	02:28	SAG	
31 mayo 2009	21:18	TAU		17 abr 2016	12:14	SAG	R
12 jul 2009	02:55	GEM		27 mayo 2016	13:51	ESC	R
25 ago 2009	17:15	CAN		29 jun 2016	23:38	ESC	D
16 oct 2009	15:32	LEO		2 ago 2016	17:49	SAG	
20 dic 2009	13:26	LEO	R	27 sep 2016	08:06	CAP	
10 mar 2010	17:09	LEO	D	9 nov 2016	05:51	ACU	
7 jun 2010	06:11	VIR		19 dic 2016	09:22	PIS	
29 jul 2010	23:46	LIB		28 ene 2017	05:38	ARI	
14 sep 2010	22:37	ESC		10 mar 2017	00:33	TAU	
28 oct 2010	06:47	SAG		21 abr 2017	10:31	GEM	
7 dic 2010	23:48	CAP		4 jun 2017	16:15	CAN	

FECHA	HORA	SIGNO	MOVIM.	FECHA	HORA	SIGNO	MOVIM.
20 jul 2017	12:19	LEO		13 feb 2024	06:04	ACU	
5 sep 2017	09:34	VIR		22 mar 2024	23:47	PIS	
22 oct 2017	18:28	LIB		30 abr 2024	15:32	ARI	
9 dic 2017	08:59	ESC		9 jun 2024	04:34	TAU	
26 ene 2018	12:56	SAG		20 jul 2024	20:42	GEM	
17 mar 2018	16:40	CAP		4 sep 2024	19:46	CAN	
16 mayo 2018	04:55	ACU		4 nov 2024	04:09	LEO	
26 jun 2018	21:04	ACU	R	6 dic 2024	23:33	LEO	R
13 ago 2018	02:13	CAP	R	6 ene 2025	10:43	CAN	R
27 ago 2018	14:05	CAP	D	24 feb 2025	02:00	CAN	D
11 sep 2018	00:55	ACU		18 abr 2025	04:20	LEO	
15 nov 2018	22:20	PIS		17 jun 2025	08:35	VIR	
1 ene 2019	02:19	ARI		6 ago 2025	23:23	LIB	
14 feb 2019	10:51	TAU		22 sep 2025	07:54	ESC	
31 mar 2019	06:12	GEM		4 nov 2025	13:01	SAG	
16 mayo 2019	03:09	CAN		15 dic 2025	07:33	CAP	
1 jul 2019	23:19	LEO		23 ene 2026	09:16	ACU	
18 ago 2019	05:18	VIR		2 mar 2026	14:15	PIS	
4 oct 2019	04:21	LIB		9 abr 2026	19:35	ARI	
19 nov 2019	07:40	ESC		18 mayo 2026	22:25	TAU	
3 ene 2020	09:37	SAG		28 jun 2026	19:28	GEM	
16 feb 2020	11:32	CAP		11 ago 2026	08:30	CAN	
30 mar 2020	19:43	ACU		28 sep 2026	02:48	LEO	
13 mayo 2020	04:17	PIS		25 nov 2026	23:36	VIR	
28 jun 2020	01:45	ARI		10 ene 2027	12:59	VIR	R
9 sep 2020	22:22	ARI	R	21 feb 2027	14:13	LEO	R
14 nov 2020	00:36	ARI	D	1 abr 2027	14:08	LEO	D
6 ene 2021	22:26	TAU		14 mayo 2027	14:47	VIR	
4 mar 2021	03:29	GEM		15 jul 2027	05:40	LIB	
23 abr 2021	11:48	CAN		2 sep 2027	01:51	ESC	
11 jun 2021	13:33	LEO		15 oct 2027	23:13	SAG	
29 jul 2021	20:32	VIR		25 nov 2027	18:37	CAP	
15 sep 2021	00:13	LIB		3 ene 2028	16:01	ACU	
30 oct 2021	14:20	ESC		10 feb 2028	16:31	PIS	
13 dic 2021	09:52	SAG		19 mar 2028	19:35	ARI	
24 ene 2022	12:52	CAP		27 abr 2028	22:21	TAU	
6 mar 2022	06:22	ACU		7 jun 2028	18:20	GEM	
15 abr 2022	03:05	PIS		20 jul 2028	20:09	CAN	
24 mayo 2022	23:17	ARI		4 sep 2028	14:35	LEO	
5 jul 2022	06:03	TAU		24 oct 2028	01:10	VIR	
20 ago 2022	07:56	GEM		21 dic 2028	08:46	LIB	
30 oct 2022	13:26	GEM	R	14 feb 2029	08:16	LIB	R
12 ene 2023	20:56	GEM	D	7 abr 2029	13:09	VIR	R
25 mar 2023	11:45	CAN		5 mayo 2029	19:00	VIR	D
20 mayo 2023	15:31	LEO		5 jun 2029	04:48	LIB	
10 jul 2023	11:40	VIR		7 ago 2029	16:02	ESC	
27 ago 2023	13:19	LIB		23 sep 2029	08:13	SAG	
12 oct 2023	04:03	ESC		4 nov 2029	00:31	CAP	
24 nov 2023	10:14	SAG		13 dic 2029	05:24	ACU	
4 ene 2024	14:57	CAP		20 ene 2030	10:27	PIS	

FECHA	HORA	SIGNO	MOVIM.
27 feb 2030	19:06	ARI	
8 abr 2030	05:26	TAU	
19 mayo 2030	09:28	GEM	
1 jul 2030	15:19	CAN	
15 ago 2030	23:55	LEO	
2 oct 2030	09:41	VIR	
21 nov 2030	07:54	LIB	

Recursos

La astronomía de Venus y de Marte

En línea

Existen muchos sitios web que te dicen qué hay sobre tu cabeza en el cielo donde te encuentres, lo que te permite saber cuándo están visibles Venus y Marte. Estos son algunos en inglés, por los que puedes empezar:

HEAVENS ABOVE: https://www.heavens-above.com/

IN THE SKY: https://in-the-sky.org/

SKY AND TELESCOPE: https://skyandtelescope.org/observing/interactive-sky-chart/

SKY VIEW CAFÉ: https://skyviewcafe.com/#/

SOCIEDAD ESPAÑOLA DE ASTRONOMÍA: https://www.sea-astronomia.es/

Si quieres saber más acerca de la astronomía de Venus y de Marte, el sitio web de la NASA te será utilísimo:

VENUS: https://nssdc.gsfc.nasa.gov/planetary/planets/venuspage.html

MARS: https://nssdc.gsfc.nasa.gov/planetary/planets/marspage.html

Libros

Si no conoces las constelaciones en el cielo nocturno y no sabes diferenciar entre el Boyero y el Carro, estos libros te ayudarán:

Dunlop, Storm y Tirion, Wil, *Guide to the Night Sky*. Collins. Este libro se publica anualmente y ofrece una guía mes a mes del cielo nocturno en el año próximo. Eso sí, asegúrate de que compras el correcto para tu país.

Gillingham, Sara, *Observar las estrellas*, Cinco Tintas, 2020.

Heifetz, Milton D. y Tirion, Wil, *Un paseo por las estrellas*, 4.ª ed., Akal, 2022.

Segunda parte

Tu caja de herramientas astrológica

En línea

Hay varios sitios web donde podrás obtener tu carta astral de forma gratuita, pero no la interpretarán a no ser que pagues.

CARTA NATAL: https://carta-natal.es/carta.php

COSMOGRAMA: https://www.cosmograma.com/cartas/entrar.php

ASTRODIENST: https://www.astro.com/horoscopo

ASTROLOGY.COM: https://www.astrology.com.tr

ASTROSEEK: https://horoscopes.astro-seek.com/birth-chart-horoscope-online

Los calculadores de cartas astrales que te acabo de indicar transforman la hora a UT/GMT , pero en Google lo podrás hacer también.

Programas de astrología

Si quieres llevar la astrología al siguiente nivel, llegará un momento en el que no tendrás más remedio que invertir en un programa de astrología con el que calcular cartas astrales al instante, ya sea en el ordenador o en el móvil. Hay muchos entre los que elegir, pero te recomiendo que empieces por algo sencillo y fácil de usar. Es posible que la decisión final dependa de si usas Windows o macOS. Muchos programas de astrología ofrecen breves interpretaciones de las cartas que has calculado.

Libros

McCarthy, Juliana, *Somos estrellas*, Kōan Libros, 2019.

Struthers, Jane, *Cómo escribir tu propio horóscopo*, Anaya, 2021.

Struthers, Jane, *El poder de la Luna*, Iberia, 2020.

Taylor, Carole, *Astrología práctica. Utiliza la sabiduría de las estrellas en tu vida diaria*, Gaia Ediciones, 2019.

Tompkin, Sue, *Los signos. Descifra las estrellas, redefine tu vida*, Planeta, 2018.

Woolkoff, Joanna Martine, *El único libro de astrología que necesitará*, Taylor Trade Publishing, 2004.

Índice alfabético

A

aire 26
véase también Acuario; Géminis; Libra

Acuario
características 25
Marte en 98–99, 115, 131, 137, 143, 147,
  151, 155
posiciones de Marte con Venus en 126
regente de 23
símbolo de 23
Venus en 66–67, 111, 129, 133, 135, 141,
  145, 149, 153

Agencia Espacial Europea: misiones a
Venus 16

agua 26
véase también Cáncer; Piscis; Escorpio

amistades *véase* relaciones

amor 34
véase también relaciones
a quién amas 128–129
aspectos del 44
dar el primer paso 130–131
estilos de 108–111
poner fin a las relaciones 134–137
tipo de 132–133

anhelos del corazón, descubrir
los 140–141

Aries 19
características 25
Marte en 78–79, 112, 130, 136, 142, 146,
  150, 154
posiciones de Marte con Venus en 116
regente de 23
símbolo de 23
Venus en 46–47, 108, 128, 132, 134, 140,
  144, 148, 152
y Marte 19

armonía 152–153

aspecto 148–149

aspectos 8, 36–39

astrales, cartas 7, 7–8
aspectos 36–39
conexiones en las 35
contradicciones en las 34–35
posiciones de Venus y Marte 30–32

astrología 21
aspectos 36–39
cartas astrales 7, 7–8, 30–32
elementos y modalidades 26–29
signos y planetas 22-25

astronomía 11-14
de Marte 18
de Venus 15

atracción, poderes de 148–149

C

Cáncer
características 25
Marte en 84–85, 113, 130, 136, 142, 146,
  150, 154
posiciones de Marte con Venus en 119
regente de 23
símbolo de 23
Venus en 52–53, 109, 128, 132, 134, 140,
  144, 148, 152

Capricornio
características 25
Marte en 96–97, 115, 131, 137, 143, 147,
  151, 155
posiciones de Marte con Venus en 125
regente de 23
símbolo de 23
Venus en 64–65, 111, 129, 133, 135, 141,
  145, 149, 153

cartas natales *véase* astrales, cartas

casas 8
Marte y 102–105
Venus y 70–73

T

U

V

Z

Acerca de la autora

Jane Struthers es astróloga, tarotista, quiromante y homeópata profesional. Ha escrito más de 30 libros de no ficción acerca de una amplia variedad de temas, como la astrología y el tarot, además de su exitoso *Red Sky at Night*, sobre la campiña británica. Es la astróloga semanal de la revista *Bella* y da conferencias regulares sobre astrología y tarot. Descubre más acerca de ella en www.janestruthers.com.

Agradecimientos

Este libro llegó al mundo el 30 de agosto de 2019. Luego, cuando lo miré, vi que la astrología era ideal, porque Venus y Marte estaban a sendos lados de la nueva Luna en Virgo (véase p. 7 para la carta). Muchas gracias a Lisa Dyer, que dio el visto bueno inicial a *Escrito en las estrellas* y lo ayudó a emprender los primeros pasos hacia la publicación; a Kate Pollard, que se convirtió en su siguiente guía; y a Wendy Hobson, por sus habilidades de edición y su ojo de halcón. Gracias a todos los integrantes de la editorial que han trabajado en este libro. También debo mostrar mi agradecimiento a Chelsey Fox, mi fabulosa agente, y a Bill Martin, mi maravilloso marido, por su ayuda y su apoyo desde las sombras. Mi última mención es para Sophie, que me transmitió su energía felina día tras día, ya fuera sentándose en mi regazo o caminando sobre el teclado para aportar algunas ideas espontáneas, y para su hermano Hector, que prefirió quedarse dormido a mis pies, sobre la alfombra.